Adolf Hitler
Versuch einer Charakterdarstellung

Thomas Bitzer

Adolf Hitler
Versuch einer Charakterdarstellung

Bibliografische Information der Deutschen Nationalbibliothek:
Die Deutsche Nationalbibliothek verzeichnet diese Publikation in der Deutschen Nationalbibliografie; detaillierte bibliografische Daten sind im Internet über dnb.dnb.de abrufbar.

Herstellung und Verlag: BoD – Books on Demand, Norderstedt

ISBN: 9783755727491

Inhaltsverzeichnis:

I. Vorbemerkung.

Neue Forschungsergebnisse vermitteln die nachfolgenden Ausführungen nicht. Mit der Persönlichkeit Hitlers haben sich schon zahlreiche andere Autoren befasst und alles, was in diesem Buch erwähnt wird, kann man auch andernorts nachlesen (siehe Anmerkungen[1]), sogar noch weit ausführlicher. Es handelt sich hier jedoch nicht um eine Biographie, sondern um den Versuch einer Darstellung der verschiedenen Charakterzüge Adolf Hitlers. Dabei ließen sich Überschneidungen und Wiederholungen nicht ganz vermeiden. Was an einer Stelle abgehandelt wird, kann also durchaus an anderer Stelle unter einem anderen Blickwinkel noch einmal erscheinen.

Herangeführt an die Thematik wurde ich durch die eher einfache Fragestellung, was es eigentlich für ein Mensch gewesen sei, der die ganze Welt in einen Krieg stürzte und der Millionen von Menschen erschießen und ins Gas treiben ließ.

Trotz der nicht zu fassenden Dimension des Holocaust war es mein Bemühen, an die Betrachtung möglichst unvoreingenommen heranzugehen. Man sollte es sich nicht zu einfach machen und die Person des „Führers" nicht nur auf eine Art Monster reduzieren.[2] Zur Klärung der Frage, was Hitler für ein Mensch gewesen sei, trägt eine Dämonisierung nichts bei.

Auch sind es eher nicht die großen Ereignisse, die die Weltgeschichte beeinflusst haben, die hier Erwähnung finden. Vielmehr wurden gerade auch nebensächliche Begebenheiten in den Vordergrund gerückt. Ganz einfach deshalb, weil durch sie der Charakter einer Person eher erkennbar wird, als wenn diese im Rampenlicht steht und ihr Verhalten dementsprechend darauf einrichtet.

Um es gleich vorweg zu nehmen: Die Antwort auf die eingangs gestellte Frage, was Hitler für ein Mensch gewesen sei, fiel weniger spektakulär aus, als zumindest ich es erwartet habe.   .
Anscheinend liegen das Banale und das Böse oft enger beieinander, als man es gemeinhin annehmen möchte. Gerade so, wie Hannah Arendt es in Bezug auf Adolf Eichmann zum Ausdruck gebracht hat. Auch für die schlimmsten Verbrechen lassen sich nicht selten doch recht einfache Erklärungen finden, wenn man den Ursachen nur erst einmal auf den Grund gegangen ist.
Keinesfalls darf daraus jedoch die Schlussfolgerung gezogen werden, dass damit auch die aus diesen Ursachen resultierenden Taten als banal anzusehen seien. Im Gegenteil: Die Erkenntnis ist vielmehr die, dass gerade auch simple Ursachen sehr böse Folgen nach sich ziehen können.

Wer also verbarg sich hinter der charismatischen Person des „Führers", der es vermochte, ein ganzes Volk zu verführen und die gesamte Welt ins Unglück zu stürzen?

II. Hitlers Familie und Jugendzeit.

Vergegenwärtigt man sich, dass die Entwicklung eines Menschen schon am Tage seiner Geburt und sogar schon davor im Mutterleib[3] beginnt und von da an fortlaufend von einem Tag zum nächsten voranschreitet, dann ist es unerlässlich, sich die familiären Verhältnisse des betreffenden Menschen anzuschauen, aus denen er hervorgegangen ist, wenn man sich ein genaueres Verständnis davon verschaffen möchte, wie dieser Mensch zu dem wurde, was er tatsächlich geworden ist. Es handelt sich hierbei zwar um eine Binsenweisheit, der jedoch, gerade wenn es um die Person Adolf Hitlers geht, meines Erachtens häufig zu wenig Beachtung geschenkt wird.

Das Kind bringt, wenn es zur Welt kommt, gewisse Eigenschaften mit, die es für einen bestimmten Werdegang disponieren mögen. Seine Persönlichkeit ist zunächst aber noch so formbar, dass sich der Charakter innerhalb eines gegebenen Rahmens in vielen verschiedenen Richtungen entwickeln kann. Jeder Schritt im Leben schränkt dann jedoch die Zahl zukünftiger möglicher Entwicklungen ein.[4] Jedes neue Erlebnis wird aufgrund der vorangegangenen Erfahrungen verarbeitet. Nicht dieses oder jenes einzelne Erlebnis übt also den stärksten Einfluss auf die Entwicklung des Kindes aus, sondern der Charakter der Eltern, die das Kind täglich umgeben.[5] Ob jemand in gewalttätiger Form agiert, hängt deshalb im wesentlichen immer auch davon ab, in welchem Umfeld die betreffende Person aufwächst bzw. aufgewachsen ist. Erwachsene, und hier zunächst einmal die Eltern, sind prägend für die frühen Erfahrungen eines Menschen.[6] Es liegt somit auf der Hand, dass, wie überall, auch im Fall Hitler die Bedingungen im Elternhaus von zentraler Bedeutung für die Bildung der Persönlichkeit des heranwachsenden Sohnes Adolf waren, und es erscheint deshalb fraglich, ob man mit dem Historiker Anton Joachimsthaler sagen kann: „Hitlers Weg begann in München"[7], im München nach dem Ersten Weltkrieg nämlich. Hitlers Weg begann vielmehr schon in Braunau,wo er zur Welt kam.

Adolf Hitler entstammte kleinbürgerlichen Verhältnissen. Sein Vater Alois wurde am 7. Juni 1837 als Alois Schicklgruber außerehelich geboren. Alois Schicklgrubers Mutter war Maria Anna Schicklgruber. Wer der leibliche Vater von Alois Schicklgruber war, ist dagegen nicht mit letzter Sicherheit geklärt. In Betracht kommen der Bauer Johann Nepomuk Hiedler sowie dessen Bruder Johann Georg, den die Mutter später heiratete, freilich ohne dass bei dieser Gelegenheit der Sohn Alois legitimiert worden wäre.

Als Vater von Alois Schicklgruber wurden vorübergehend auch noch ein jüdischer Kaufmann namens Frankenberger bzw. dessen Sohn ins Gespräch gebracht.[8] Die Familie sollte in Graz ansässig und in ihrem Haushalt Alois Schicklgrubers Mutter tätig gewesen sein. Diese Annahme gilt jedoch als widerlegt.[9] In Graz gab es in jener Zeit keine Familie Frankenberger. Ferner ist nichts darüber bekannt, dass Hitlers Großmutter das Waldviertel, in dem sie lebte, jemals verlassen hätte.[10]

1876 nahm Alois Schicklgruber den Namen „Hitler" an. Die Namensänderung wurde im Taufbuch als Zusatz zur Taufurkunde von 1837 eingetragen und als Vater der schon 1857 verstorbene Johann Georg Hiedler vermerkt.[11] Alois Hitler galt damit als ehelich.

Am 7. Januar 1885 heiratete Alois Hitler in dritter Ehe seine Hausangestellte Klara Pölzl, eine Enkelin von Johann Nepomuk Hiedler. Aus dieser Ehe gingen insgesamt sechs Kinder hervor.

Adolf Hitler wurde am 20. April 1889 als viertes Kind geboren. Zu diesem Zeitpunkt waren seine drei älteren Geschwister, die allesamt das Kleinkindalter nicht überlebten, jedoch bereits verstorben. Auch der jüngere Bruder Edmund verstarb schon im Alter von knapp 6 Jahren im Jahr 1900. Von den Geschwistern erreichte lediglich die im Jahr 1896 geborene Schwester Paula das Erwachsenenalter. Sie wurde 64 Jahre alt und verstarb im Jahr 1960.

Hitler hatte außerdem noch einen Halbbruder Alois, geb. 1882, und eine Halbschwester Angela, geb. 1883, die beide der Verbindung seines Vaters mit Franziska Matzelsberger entstammten, die er im Jahr 1883 geheiratet hatte. Sie verstarb jedoch schon im Jahr 1884, ein Jahr nach der Geburt der Tochter Angela, an Tuberkulose.

Der Vater Alois, laut Adolf Hitler selbst Sohn „eines armen, kleinen Häuslers"[12], absolvierte eine Schuhmacherlehre und bestand mit 17 Jahren die Gesellenprüfung. Ein Jahr später trat er in die österreichische Zollverwaltung ein und brachte es dort schließlich bis zum Zollamtsoberoffizial, Rangklasse IX[13], vergleichbar einem Hauptmann, ebenfalls Rangklasse IX. Gehaltmäßig soll er damit dem Direktor einer Bürgerschule gleichgestanden haben.[14] Wie dem auch immer sei: Adolf Hitler hatte wohl recht, wenn er seinen Vater als pflichtgetreuen Staatsbeamten schilderte[15], und man kann ihm nicht widersprechen, wenn er in „Mein Kampf" rückschauend feststellte, dass aus seinem Vater „etwas geworden" sei.[16] Dementsprechend erhielt der Vater auch einen Nachruf in der Linzer Tagespost: Er wurde dort als „durch und durch fortschrittlich gesinnter Mann" geschildert. Er sei „stets heiter, ja von geradezu jugendlichem Frohsinn gewesen". Sei auch „ab und zu" ein „schroffes Wort" aus seinem Mund „gefallen", so habe sich unter „einer rauhen Hülle" doch „ein gutes Herz geborgen".[17]

Die Mutter, geboren am 12. August 1860, hingegen wird von Hitler als „im Haushalt aufgehend und vor allem uns Kindern in ewig gleicher liebevoller Sorge zugetan" dargestellt.[18]

Hitler zeichnet in „Mein Kampf" von seiner Familie rückschauend das Bild eines harmonischen Zusammenlebens. Als einziger Konflikt wird lediglich die Meinungsverschiedenheit zwischen ihm und dem Vater erwähnt, die sich aus der Frage ergab, welchen Beruf der Sohn ergreifen sollte. Während der Vater den Wunsch hatte, dass Adolf, so wie er, Beamter werden sollte, hatte der Sohn die Absicht, Kunstmaler zu werden. Dieser Konflikt löste sich, als der Vater im Jahr 1903 überraschend starb. Aber das Bild einer ansonsten durchaus intakten Beziehung Hitlers insbesondere zu seinem Vater entsprach nicht der Wirklichkeit.

Der Vater war schon äußerlich von imposanter Gestalt. Zu Hause führte er ein strenges Regiment. Er forderte unbedingten Gehorsam. Der Sohn hatte zu erscheinen auf Pfiff des Vaters auf den Fingern.[19]

Der Knabe Hitler muss ein begabtes, aufgewecktes Kind gewesen sein.[20] Er las viel. Der Vater hatte hierfür jedoch wenig Verständnis. Er beschimpfte den Sohn häufig, und wenn dieser nicht pünktlich zu Hause war, setzte es eine Tracht Prügel. Das soll nach der Erinnerung der Schwester Paula praktisch jeden Abend vorgekommen sein.[21]

Seiner langjährigen Sekretärin Christa Schroeder erzählte Hitler später, der Vater sei jähzornig gewesen und habe sofort zugeschlagen.[22] Hitlers Halbschwester Angela berichtete, Hitler habe ihr gesagt, dass er die Prügel seines Vaters wegen des Zuspätkommens bewusst in Kauf genommen habe, damit er noch die Zeit zum Spielen gehabt hätte. Wäre er früher heimgekommen, wäre er auch geschlagen worden und hätte nicht spielen können.[23] Die „arme Mutter" hätte dann immer Angst um den Sohn gehabt.[24]

Die Annahme des Psychoanalytikers Erich Fromm, Alois Hitler sei zwar ein autoritärer Typ, jedoch kein Tyrann gewesen, der seinen Sohn, „soweit bekannt", nie geschlagen habe[25], dürfte nach alledem unzutreffend sein. Vielmehr litt Hitler offensichtlich stark unter der Strenge des Vaters.

Und, wenn Hitler in „Mein Kampf" feststellt, den Vater habe er geachtet, die Mutter jedoch geliebt[26], so ist das gewiss nur die halbe Wahrheit. Den Vater hat er, wie er seiner Sekretärin einräumte, nämlich nicht nur nicht geliebt. Er hat ihn vielmehr gefürchtet[27], und der Tod des Vaters muss für den Sohn eine Erleichterung gewesen sein.[28]

Bei der Bedeutung, die der Rolle der Eltern für die Entwicklung ihres Kindes zukommt, drängt sich die Annahme auf, dass die Ambivalenz des Verhältnisses des jungen Adolf zum strengen Vater einerseits und zur gütigen Mutter andererseits für die Entwicklung des Jungen nicht gerade förderlich gewesen sein kann.

Ob ein Mensch, wie Hitler es tat, später zur Gewalttätigkeit neigt, hat, wie bereits angedeutet, stets auch mit der früheren Beziehungsbiografie zu tun.

Welche Grunderfahrungen macht ein Kind in seinem Umfeld? Wie verlässlich wird in der Säuglings- und Kleinkindzeit auf es eingegangen? Nur eine emotional stabile Beziehung zwischen den Eltern und dem Kind ermöglicht es dem Kind, ein positives Weltbild aufzubauen.

Im Alter ab etwa drei Jahren lernen Kinder sozialen Umgang, Konflikte zu bewältigen und Freundschaften zu schließen. Nur, wer in seiner Kindheit Liebe und Geborgenheit erfahren hat, wird später auch selbst lieben und das weitergeben können, was er selbst mitbekommen hat.

Die Qualität der Beziehungen im Elternhaus entscheidet somit darüber, ob das Kind Empathie und Selbstkontrolle entwickeln kann. Beide Kompetenzen sind von zentraler Bedeutung dafür, ob ein Mensch im Erwachsenenalter in der Lage ist, eine mögliche Gewaltbereitschaft unter Kontrolle zu halten oder nicht.[29] Wird diese Phase vernachlässigt, dann kann diese soziale Kompetenz nur schwer nachgeholt werden.

Im Hause Hitler fehlte es offensichtlich an einer Atmosphäre des Vertrauens und der Geborgenheit.

Seine Mutter hatte Hitler zwar von klein auf immer als eine liebevolle und gütige Frau erlebt, die aber selbst unter der Strenge ihres Mannes litt. Nach dem Verlust von drei Kindern war die Mutter in steter Sorge um den kleinen Adolf. Die enge Beziehung zwischen Mutter und Sohn dürfte sich noch dadurch verstärkt haben, dass beide den Wutausbrüchen des Vaters ausgesetzt waren.

Die ständig vom Vater drohenden Prügel hingegen bedeuteten im Gegensatz zu der liebevollen Sorge der Mutter, dass der junge Adolf Hitler vermutlich in einem Klima steter, zumindest latenter Furcht lebte und dass er nicht in der Lage war, angstfrei eine in sich ruhende Persönlichkeit aufzubauen, die die Voraussetzung für ein ausgewogenes Für- und Miteinander gewesen wäre. Statt dem Sohn die Anerkennung zuteil werden zu lassen, auf die jeder heranwachsende Mensch angewiesen ist, waren Demütigungen durch den Vater an der Tagesordnung. Dabei hätte Hitler gerade der Anerkennung seines Vaters bedurft, denn der Vater war in der Familie die starke Figur. An ihm wollte sich der Sohn orientieren, auch so groß und mächtig sein wie der Vater. Von ihm wäre er gerne gelobt worden. Umso mehr müssen ihn das Ausbleiben der Anerkennung seitens des Vaters und die ständigen Erniedrigungen getroffen haben.

Wie sehr Adolf Hitler empfänglich für die Bestätigung durch andere war, zeigte sich auch später noch, etwa als Hitler während der Festungshaft in Landsberg vor Freude strahlte, als sein Mithäftling Rudolf Heß ihm einige lobende Worte gesagt hatte, nachdem Hitler ihm ein Kapitel aus „Mein Kampf" vorgelesen hatte, von dem er in Landsberg den ersten Teil verfasste.[30]

Vom Vater gab es jedoch keine Anerkennung. Die

für die Entwicklung des Sohnes notwendige Hinwendung zum Vater, der Prozess der Triangulierung, war gestört. Ein stabiles Selbstbewusstsein konnte der junge Hitler auf diese Weise nicht aufbauen. Daran laborierte Hitler sein ganzes Leben lang herum. Ständig machte ihm ein stets sublim vorhandenes Minderwertigkeitsgefühl zu schaffen.

Stattdessen übernahm der junge Adolf Hitler, ohne sich dessen bewusst zu sein, vom Vorbild des Vaters die durch Lieblosigkeit, Gefühlskälte, Gewalttätigkeit und Mitleidslosigkeit geprägte Verhaltensweise, die für ihn bis zu seinem Lebensende kennzeichnend war und ihn zum millionenfachen Massenmörder werden ließ.

Verschärft wurde das Problem der Vater–Sohn–Beziehung noch durch einen übermäßigen Alkoholkonsum des Vaters. So soll Hitler gegenüber seinem Rechtsanwalt Hans Frank, dem späteren Generalgouverneur im nicht annektierten Teil Polens, geäußert haben, die „grässlichste Scham", die er, Hitler, je empfunden habe, sei die gewesen, wenn er den betrunkenen Vater aus dem Gasthaus habe nach Hause bringen müssen. Der Alkohol sei – über den Vater – der größte Feind in seiner Jugend gewesen.[31]

Die emotionale Vernachlässigung des Sohnes durch den Vater brachte es mit sich, dass der Sohn umso stärker auf die Mutter fixiert war.

Die Mutter verhätschelte ihn, schalt ihn nie und be-

wunderte ihn. Er brauchte sich um nichts zu kümmern. Die Mutter erfüllte ihm jeden Wunsch.[32]

Der kleine Adolf beherrschte seine Mutter und
setzte sie mit Wutanfällen unter Druck, wenn sie ihm
einen Wunsch verweigerte. Das hatte er übrigens offenbar mit dem jungen Napoleon gemein, der es als
Kind auch gewohnt gewesen sein soll, seinen Willen
durchzusetzen, und bei Widerspruch zu Zornausbrü-
chen geneigt haben soll.[33]

Da Hitler mit dieser Methode offensichtlich Erfolg
hatte, schliff sich dieses Verhaltensmuster bei dem
Jungen sehr schnell ein. Er kam immer wieder darauf zurück, sobald es darum ging, einer unangeneh-
men Realität auszuweichen, oder wenn ihm etwas
abverlangt wurde, was ihm nicht passte oder was
Anstrengung erforderte.

Die innige, auf den Sohn konzentrierte übersteiger-
te Mutterliebe nährte bei diesem schon von klein auf
ein Gefühl der Auserwähltheit, der Einzigartigkeit,
das Gefühl, sich alles erlauben zu können.[34] So wurde bei Hitler von Anbeginn der Anschein erweckt, es
drehe sich alles um ihn, er könne alles fordern und
er brauche nichts zu leisten. Und dabei blieb es.

Hitler stagnierte in seiner Reifeentwicklung damit
auf der Stufe eines Kleinkindes, das sich noch allein
auf der Welt wähnt. Bei einem Kind von bis zu zwei-
einhalb Jahren mag das auch altersentsprechend
sein[35], bei einem älteren Menschen jedoch nicht.

Um freilich einem Missverständnis gleich von vorneherein entgegenzutreten: Mit einer niedlichen Kin-

derei hat das alles nichts zu tun, denn harmlos ist das überhaupt nicht. Ist nämlich bei einem Menschen die psychische Reifebildung frühzeitig stehen geblieben, wird mit zunehmendem Alter die Möglichkeit der Nachreifung immer schwieriger, wenn nicht gar unmöglich. Ein solcher Mensch wird sein Leben lang mit den Auswirkungen fehlender psychischer Funktionen wie Frustrationstoleranz oder Gewissensinstanz zu kämpfen haben, und auch sein Umfeld muss dementsprechend darunter leiden.[36] Wenn so eine Person zu viel Macht in die Hände bekommt, kann das übel ausgehen. Und genau das war bei Hitler offensichtlich der Fall.

Die Weichen für Hitlers Entwicklung waren also schon in den ersten Tagen seines Lebens gestellt worden. Ein Tyrann wuchs heran. Aus einem kleinen Tyrannen wurde ein großer. Hitler entwickelte eine ebenso narzisstische wie passive Persönlichkeitsstruktur, wobei „passiv" hier in dem Sinn zu verstehen ist, dass er dazu neigte, die Dinge treiben zu lassen und sich vor Schwierigkeiten zu drücken.

Die Folge war, dass Hitler sich stets im Mittelpunkt sah, alles auf sich bezog und immer nur Forderungen stellte, ohne bereit zu sein, seinerseits etwas zu geben. Hitler war schon von Kindheit an in letzter Konsequenz immer nur um sich selbst besorgt und deshalb auch nicht in der Lage mit anderen Menschen eine tragfähige Beziehung einzugehen. Er wurde vielmehr zum stets misstrauischen und letzt-

endlich auch unsicheren Einzelgänger, ewig unzu-
frieden und wohl auch voller Selbsthass, den er dann
zur eigenen Entlastung auf andere projizierte.

Die gestörte Persönlichkeit Hitlers ist nach alledem
offensichtlich das Ergebnis einer tiefgreifenden Ver-
unsicherung, hervorgerufen durch die Überhöhung
durch die Mutter einerseits und die Zurückweisung
durch den Vater andererseits. In diesem Wechselbad
der Gefühle war es Hitler offenbar zu keinem Zeitpunkt möglich, ein Urvertrauen zu seiner Umgebung
aufzubauen. Er blieb eine schwache Persönlichkeit
und rächte sich dafür an der Menschheit bitter.

Der Historiker Volker Ullrich vertritt in diesem Zusammenhang allerdings die Ansicht, Biographen sollten
sich hüten, zu weitreichende Schlüsse aus frühen
Kindheitserlebnissen zu ziehen. Körperliche Züchti-
gung sei damals als Erziehung durchaus noch an
der Tagesordnung gewesen. Ein autoritär-repressiver
Vater und eine liebevoll-ausgleichende Mutter – diese Konstellation sei in den Mittelstandsfamilien keineswegs ungewöhnlich gewesen[37]; sie ist es möglicherweise auch heute noch nicht. Und in der Tat mag
es so sein, das das einzig Besondere an Hitlers Elternhaus darin bestand, dass es im Vergleich zu zig
anderen Elternhäusern gerade keine Besonderheiten
aufwies.
   Aber daraus zu folgern, dass aus der früheren
Kindheit Hitlers keine weitreichenden Schlüsse auf

die weitere Entwicklung seiner Persönlichkeit gezogen werden sollten – das sehe ich nicht ganz so. Im Gegenteil: Gerade der Umstand, dass Adolf Hitler einer zumindest nach außen hin ganz alltäglichen, unauffälligen bürgerlichen Familie entstammte, sollte Anlass zum Nachdenken geben. Allem Anschein nach werden jedoch die Mechanismen der Lieblosigkeit und der Gewalt, wie sie sich in der Familie Hitler abspielten, auch heute noch verbreitet als so normal und selbstverständlich empfunden, dass sie als Ursachen für Hitlers Entwicklung hin zu einem Verbrecher meines Erachtens viel zu wenig in Betracht gezogen werden.

Wenn die Kindheit Adolf Hitlers aber tatsächlich so „normal" war, wie es hier behauptet wird, dann drängt sich allerdings die Annahme auf, dass eine Vielzahl von Menschen, die vermutlich eine ähnliche Kindheit wie Adolf Hitler durchlaufen haben, dementsprechend ähnliche Persönlichkeitsmerkmale wie Hitler entwickelt haben müsste.

Dass es sich so verhält, das mag auch durchaus der Fall sein. Nur ist es natürlich nicht so, dass aus jedem dieser Menschen deshalb auch gleich ein Diktator oder ein Verbrecher werden müsste. Dazu bedurfte es im Fall Hitler noch weiterer, außerhalb seiner Person liegender Faktoren. Insbesondere die schwierigen wirtschaftlichen und politischen Verhältnisse nach dem Ersten Weltkrieg kamen ihm bei der Eroberung der Macht sehr zustatten.

Die Ausführungen über das Elternhaus Adolf Hitlers dürfen allerdings nicht etwa zu der Annahme verleiten, Hitler solle hier die Rolle eines Opfers unglücklich zusammengetroffener Umstände zugeschrieben werden, gewiss nicht! Andererseits darf der Einfluss des Elternhauses aber auch nicht übersehen werden.

Die permanenten Konflikte im Elternhaus und seine eigene innere Zerrissenheit mögen dem jungen Adolf Hitler umso stärker zugesetzt haben, als er offenbar ein wacher Junge gewesen ist und ihm eine gewisse Sensibilität vermutlich nicht abgesprochen werden kann.

In der Schule machte sich das unausgeglichene Wesen Hitlers schon bald bemerkbar.

In der Volksschule war Hitler zwar noch ein guter Schüler. Hitlers Mitschüler, „spätere Priester, Architekten, Baumeister, Geschäftsleute und Regierungsbeamte" und auch die Lehrer bestätigten, dass der junge Hitler besonders intelligent und für einige Disziplinen auffällig begabt, jedoch oft unwillig, nicht gerade fleißig, meist sehr eigenwillig und laut gewesen sei, aber entscheidungsfreudig nur dann, wenn er nicht selbst die Konsequenzen tragen musste. Dennoch soll er in den Volksschulen, in Fischlham bei Lambach und in der Klosterschule des alten Benediktinerstifts in Lambach, in allen Fächern die Note „Eins" erhalten haben.[38]

Auf der Realschule in Linz, die Hitler anschließend besuchte, ließen die Leistungen dann aber nach. Hitler führte das auf eine Oppositionshaltung gegenüber dem Vater zurück, der es ihm verboten hatte, den Beruf eines Kunstmalers zu ergreifen. Er habe geglaubt, so schreibt Hitler später in „Mein Kampf", dass, wenn der Vater erst den mangelnden Fortschritt in der Realschule sehen würde, dass der Vater dann doch „gut oder übel" Hitlers Berufswünschen nachgeben würde.[39] So hat Hitler es sich in der Rückschau zurecht gelegt. Diese Sichtweise dürfte allerdings, wenn überhaupt, nur zum Teil den Tatsachen entsprechen. Es mag zwar durchaus zutreffen, dass die mangelnde Lernmotivation ihre Ursachen auch in der gestörten häuslichen Atmosphäre hatte. Aber, dass Hitler es bewusst darauf angelegt hätte, seinen Vater durch schlechte Schulnoten dazu zu bewegen, den Berufswünschen des Sohnes nachzugeben, das erscheint doch recht unwahrscheinlich.

Der Grund für den Leistungsabfall ist wohl eher darin zu sehen, dass die Anforderungen stiegen und dass Genialität allein nun nicht mehr ausreichte, um die Lernziele zu erreichen. Seinem bisherigen Verhaltensmuster entsprechend wich Hitler den gesteigerten Anforderungen vermutlich einfach aus. Als Auserwählter und Einzigartiger, als den er sich selbst sah (vgl. S. 18), wollte er sich den Anstrengungen nicht aussetzen, die notwendig gewesen wären, um sich den Lernstoff zu erarbeiten. Es fehlte ihm an der inneren Ausgeglichenheit, um die hierfür erforderliche Geduld und Ausdauer aufzubringen.

Hitler hasste schon damals – und auch weiterhin sein ganzes Leben lang – eine stringente und systematische Arbeit, weshalb seine Leistungen insbesondere auch in Mathematik unzureichend waren.[40] Hitler musste die erste Klasse auf der Realschule in Linz wiederholen.

Hinzu kam, dass auch die Mitschüler Hitler fühlen ließen, dass man ihn, den vom Dorf kommenden Jungen, nicht für voll nehme.[41] Die Versetzung von der dritten in die vierte Klasse auf der Realschule war schließlich nur noch unter der Voraussetzung möglich, dass Hitler die Schule wechselte, was dann auch geschah. Hitler besuchte die vierte Klasse der Realschule in Steyr. Nachdem er das Klassenziel jedoch nicht hatte erreichen können, nahm er trotz bestandener Wiederholungsprüfung[42] eine Erkrankung zum Anlass, um die Schule ganz zu verlassen. Die Zeit auf der Realschule war für Hitler demnach offensichtlich eine Zeit permanenter Frustration.

Die aber mag Hitler umso nachdrücklicher empfunden haben, als er sich doch schon von klein auf so sehr nach Anerkennung sehnte.

Hitler selbst schrieb über sich rückblickend, er sei in der Schule ein „kleiner Rädelsführer" geworden, der „ziemlich schwierig zu behandeln" gewesen sei.[43] Was Hitler hier selbstgefällig als mutiges Gegen-den-Strom-Schwimmen herausstellen wollte, war tatsächlich wohl eher der Ausdruck einer Verhaltensauffälligkeit, bedingt durch eine mangelhafte Entwicklung der emotionalen und sozialen Psyche. Und die äußerte sich darin, dass Hitler sich nicht auf andere Menschen, in diesem Fall auf seine Lehrer, einstellen konnte, und dass umgekehrt er, entsprechend seinem frühkindlichen egozentrischen Weltbild versuchte, die Lehrer nach ihm auszurichten. Hitler lebte offenbar in der Wahrnehmung, er könne alles und jeden steuern und bestimmen.[44]

Bestätigt wird das durch den Französischlehrer Dr. Huemer, der den Schüler Hitler als „widerborstig, eigenmächtig, rechthaberisch und jähzornig" in Erinnerung behielt. Hitler habe von seinen Mitschülern „unbedingte Unterordnung" gefordert und eine „Führerrolle" beansprucht. Sich in den Rahmen der Schule einzufügen sei ihm schwer gefallen.[45]

Schon damals zeigte es sich demnach, dass Hitler nicht in der Lage war, seine Gefühle und die anderer einzuschätzen und sich auf andere einzulassen. Es fehlte ihm an emotionaler Intelligenz. Er war deshalb nicht fähig, sich in die Gefühlswelt eines anderen Menschen hineinzuversetzen, was aber eine notwendige Voraussetzung ist für den Aufbau zwischenmenschlicher Beziehungen. Und Hitler war auch unfähig und sicher auch gar nicht willens zu erkennen, wo seine Schwierigkeiten im Umgang mit anderen Menschen und letztlich auch mit sich selbst herrührten. Er konnte aus seinen Konflikten somit nichts lernen. Vielmehr beließ er es dabei, sich nur darüber zu ärgern, dass er Ärger hatte, an dem er selbst jedoch unschuldig sei.

An dieser Haltung änderte sich auch in Zukunft nichts mehr. Die unglaubliche Egozentrik, die für Hitler sein ganzes Leben lang bestimmend war, trat also schon während der Schulzeit deutlich in Erscheinung. Auf dieser Entwicklungsstufe ist Hitler stehen geblieben. Er hat sich charakterlich nicht mehr weiter entwickelt.

Man könnte Hitler wegen seiner nicht gerade glücklich verlaufenen Kindheit eigentlich durchaus bedauern. Von der Verantwortung für sein späteres Handeln, insbesondere von der Verantwortung für die von ihm begangenen Verbrechen, befreit ihn das jedoch nicht. Keine auch noch so unglücklich verlaufende Kindheit und Jugendzeit verleiht einem Menschen das Recht, Verbrechen zu begehen oder entschuldigt diese in irgendeiner Weise.

Hitler wusste, was er tat. Er war in der Fähigkeit, sein Handeln zu steuern, nicht eingeschränkt. Sein Verhalten war keine zwanghafte Folge seiner nicht unproblematischen Jugend. Hitler hatte jederzeit die Möglichkeit, seinem Tun Einhalt zu gebieten. Der Umstand, dass er eine schwierige Kindheit hatte, entlastet ihn somit nicht.

III. Verdrängung der Wirklichkeit.

Allem äußeren Anschein zum Trotz: Eine in sich gefestigte Persönlichkeit war Hitler demnach also nicht.

Hitler war nicht in der Lage, der Realität ins Auge zu sehen und wich ihr aus, wo immer es nur ging. Er nahm die Dinge so wahr, wie er sie sehen wollte, wie sie ihm geeignet schienen, sein Selbstwertgefühl zu stärken und ihn auch sonst in seiner Haltung zu bestätigen. Diese Neigung zeigte sich bei Hitler schon von Jugend an, etwa wenn er die Ursache für sein Schulversagen nicht bei sich, sondern bei der Schule suchte.

Hitler flüchtete sich in Traumwelten. So kaufte er sich zum Beispiel zusammen mit seinem Jugendfreund August Kubizek – es muss in den Jahren 1905 oder 1906 gewesen sein – einmal ein Lotterielos. Gedanklich richtete er sich sogleich fest darauf ein, dass sie den Haupttreffer landen würden, und er plante bereits in allen Einzelheiten, was sie mit dem Gewinn machen würden. Als es dann mit dem Gewinn jedoch nichts wurde, kannte Hitlers Wut keine Grenzen und sein Zorn ergoss sich über die Staatslotterie und über den Staat überhaupt, „dieses aus zehn oder zwölf oder weiß Gott wieviel Nationen zusammengeflickte Gebilde, dieses von den Habsburgern zusammengeheiratete Monstrum!".[46]

Hitler redete sich auch allen Ernstes ein, ein Mädchen, eine von ihm angebetete Stefanie aus Linz, wolle ihn heiraten, obwohl er niemals ein Wort mit ihr gesprochen hatte.

Die Neigung Hitlers, die Wirklichkeit zu negieren, wirkte sich in verhängnisvoller Weise aber auch später noch aus, als Hitler das Erwachsenenalter schon längst erreicht hatte.

Er weigerte sich, sich damit abzufinden, dass das Kriegsglück ihm schon seit langem den Rücken gekehrt hatte. Die Übermacht gegnerischer Streitkräfte wurde einfach ignoriert bzw. zum Teil lautstark abgestritten, weil sie den Traum vom Endsieg störte, und er operierte am Kartentisch mit Truppen, die nur noch durch die Irrwelt seiner Vorstellung marschierten.[47]

Und, wenn sich die immer dunkler werdende Wirklichkeit bisweilen dann doch nicht mehr gänzlich verleugnen ließ, dann nahm man Zuflucht in die Vergangenheit, in der Geschichte Preußens. So versuchte Goebbels in den ersten Monaten des Jahres 1945 Hitlers Moral dadurch zu festigen, dass er aus der „Geschichte Friedrichs II. von Preußen" von Thomas Carlyle vorlas, und zwar vor allem jene Passagen, die beschrieben, wie Preußen im Jahr 1762 im Siebenjährigen Krieg, als schon alles verloren schien, durch den Tod der russischen Zarin Elisabeth vor dem als sicher scheinenden Untergang doch noch bewahrt wurde.[48] Auf ein solches Wunder hoffte er auch jetzt. Und im April 1945 glaubte man, es sei tatsächlich eingetreten, als nämlich der amerikanische Präsident Franklin D. Roosevelt verstorben war. Doch auch diese Illusion löste sich rasch in nichts auf.

Der Wille Hitlers, die ihm unangenehme Wirklichkeit auszublenden, ging soweit, dass, wenn Hitler sich während des Krieges mit dem Zug durchs Land fahren ließ, die Fenster verhängt werden mussten, um ihm den Anblick von Bombenschäden zu ersparen. Bombardierte Städte besuchte er nicht.[49]

Und auch, als einmal ein Lazarettzug zu Hitlers Sonderzug aufschloss, ließ er in aller Eile die Vorhänge zuziehen, um nicht die verwundeten Soldaten sehen zu müssen.[50] Sein eigenes Wohlbefinden war ihm wichtiger als die Anteilnahme am Leiden seiner Soldaten. Davon wollte er nichts wissen. Die Peinlichkeit seines Verhaltens, wenn sie ihm überhaupt bewusst wurde, war Hitler offenbar völlig gleichgültig.

Was nicht in Hitlers Weltbild passte, wurde in bester Vogelstraußmanier einfach nicht zur Kenntnis genommen und notfalls mit Gewalt abgewehrt.

Der Finanzminister Lutz Schwerin von Krosigk hielt Hitler für „so durch und durch verlogen, dass er die Grenze zwischen Lüge und Wahrheit nicht mehr erkannte".[51] Er sei „vom vollen Glauben an die Wirklichkeit des Gesagten" erfüllt gewesen.[52] Als „engen Schwärmer" schätzte ihn Viktor Klemperer in einem

Tagebucheintrag vom 11. November 1933 ein: „…jeder Satz verlogen, aber ich glaube beinahe: unbewußt verlogen."[53] Klemperer bezog sich dabei auf eine Rede, die Hitler am Tag zuvor vor Siemens-Arbeitern in Berlin gehalten hatte.

Bella Fromm, eine deutsche Journalistin, die im Jahr 1938 ins amerikanische Exil flüchten musste, äußerte sich am 28. August 1936 auf einem Abendempfang der amerikanischen Botschaft gegenüber dem amerikanischen Botschafter Dodd wie folgt: „Martin Luther sagte, was er glaubte; Hitler glaubt, was er sagt, Goebbels glaubt nicht, was er sagt; Schacht sagt nicht, was er glaubt."[54]

Vermutlich war die Verdrängungsarbeit Hitlers in der Tat so effektiv, dass er bei seinen Reden, während er sie hielt, das, was er sagte, tatsächlich auch glaubte – selbst wenn es eine offenkundige Lüge war. Hitler sei auf den Höhepunkten seiner Reden „ein von sich selbst Verführter gewesen", der mit dem, was er sagte, so vollständig identisch gewesen sei, „dass selbst von der Lüge noch ein Fluidum von Echtheit auf den Besucher überströmte". Das schrieb der erste Hitler-Biograph, Konrad Heiden, in seinem Werk „Adolf Hitler. Das Zeitalter der Verantwortungslosigkeit. Eine Biographie".[55]

Hitler war sich der demagogischen Wirkung, die eine Rede entfalten konnte, sehr wohl bewusst und er machte sich durchaus Gedanken darüber, wie eine Rede gestaltet sein müsse, um bei der „breiten Masse eines Volkes", die „nicht aus Diplomaten oder auch nur Staatsrechtslehrern"[56] bestehe, den gewünschten propagandistischen Erfolg zu erzielen. Sie habe nämlich nicht objektiv die Wahrheit zu erforschen, „sondern ununterbrochen der eigenen [Wahrheit] zu dienen".[57] Hitler hatte demnach nicht die geringsten Bedenken, die Menschen zu belügen.

Wie ein Schauspieler studierte er seine Reden akribisch ein, um sie dann mit großer Theatralik und viel Pathos vorzutragen[58]. Nichts überließ er dem Zufall. Kühl soll er die Wirkung seiner Sätze selbst in Momenten scheinbar höchster Ekstase berechnet haben.[59] Aber es ist dennoch zu vermuten, dass Hitler von dem, was er dann im Stadium größter Erregung hinausschrie, tatsächlich auch überzeugt war.

Am 26. September 1938 erklärte Hitler z.B. in einer Rede, die er im Sportpalast hielt, allen Ernstes, dass das Sudetenland seine letzte Gebietsforderung sei.[60] Und vermutlich redete er sich in dem Augenblick, da er das sagte, das auch ein, obwohl er kurze Zeit zuvor noch gegenüber dem Anführer der deutschen Minderheit im Sudetenland, Konrad Henlein, nämlich am 2. September 1938, erklärt hatte: „Es lebe der Krieg – und wenn er acht Jahre dauert"[61], obwohl er also auf nichts anderes als auf einen Eroberungskrieg hinarbeitete.

Frappierend ist auch die Gehässigkeit, mit der Hitler

vor dem Reichstag am 30. Januar 1939 der „jüdischen Rasse in Europa" die Vernichtung androhte für den Fall, dass „es dem internationalen Finanzjudentum in und außerhalb Europas gelingen sollte, die Völker noch einmal in einen Weltkrieg zu stürzen". Frappierend deshalb, weil er es doch selbst war, der es seit Anbeginn seiner Amtszeit als Reichskanzler und verstärkt dann seit Ende 1937 darauf anlegte, Europa in einen Krieg hineinzuziehen:

Am 5. November 1937 hatte er in einer Besprechung, über die der damalige Oberst Friedrich Hoßbach eine bekannt gewordene Niederschrift fertigte, Vertretern von Heer, Marine und Luftwaffe sowie dem Kriegsminister von Blomberg und dem Außenminister von Neurath die Grundzüge seiner auf gewaltsame Expansion gerichteten Außenpolitik offenbart und, dass es zur Lösung der deutschen Frage, nämlich der Gewinnung von neuem Lebensraum in Europa, nur den Weg der Gewalt geben könne.[62]

Im April 1938 erteilte Hitler dann dem Chef des OKW, Wilhelm Keitel, die Weisung, die Pläne für einen Angriff auf die Tschechoslowakei auszuarbeiten, wobei gegebenenfalls eine Zeit diplomatischer Spannungen genützt werden sollte, um die Kriegsschuld dem Gegner zuzuschieben. Und nach der Unterzeichnung des Münchner Abkommens am 30. September 1938 zur Beilegung der Sudetenkrise klagte Hitler, dass ihm der britische Premierminister Neville Chamberlain den Krieg verdorben habe.

Es ist schon bemerkenswert, dass jemand, der so

darauf versessen ist und alle Hebel in Bewegung setzt, um einen Krieg vom Zaun zu brechen, fähig ist, anderen – in diesem Fall den Juden – offensichtlich ohne eine Spur schlechten Gewissens öffentlich den Untergang anzudrohen, wenn diese den Krieg beginnen würden. Genau den Krieg, den er selbst um alles in der Welt herbeiführen wollte. Offensichtlich wurde Hitler von seinen eigenen Hassgefühlen davongetragen.

Und es liegt auch durchaus nahe, dass Hitler sich bzw. das deutsche Volk sogar am 1. September 1939 in dem Augenblick, als er vor dem Reichstag verkündete, seit 5.45 Uhr werde „zurück"-geschossen, tatsächlich in der Rolle des Angegriffenen, also in der Opferrolle, sah. Es ist nur schwer vorstellbar, dass sich jemand emotional so in eine Rede hineinsteigern könnte, wenn er sich gleichzeitig noch mit Skrupeln herumplagen würde, dass das, was er sagt, gelogen sei.

Das macht die Sache freilich nicht besser und es bedeutet natürlich nicht, dass Hitler auch sonst, also vor oder nach seinen Reden, ernsthaft geglaubt hätte, dass das „Finanzjudentum" oder Polen wirklich die Angreifer gewesen seien. Im Gegenteil: Ganz bewusst und planmäßig war er auf den Krieg zugesteuert, notfalls sollten ja sogar diplomatische Spannungen bewusst ausgenutzt werden, um dem Gegner die Kriegsschuld zuzuschieben (s.o.). Und am 31. August 1939, also einen Tag, bevor er im Reichstag behauptete, es werde „zurück"-geschossen, hatte er die „Weisung Nr. 1 für die Kriegführung" erteilt, in der es heißt, „nachdem alle politischen Möglichkeiten erschöpft sind, um auf friedlichem Wege eine für Deutschland unerträgliche Lage an seiner Ostgrenze zu beseitigen, habe ich mich zur gewaltsamen Lösung entschlossen". Im Rausch der Rede am nächsten Tag wurde das jedoch alles hinweggeschwemmt und Hitler empörte sich schäumend vor Wut über einen Angreifer, der tatsächlich der Angegriffene war.

Es war auch kein Zufall, dass Hitler immer wieder beteuern und sich selbst bestätigen musste, dass seine Entschlüsse „unabänderlich" feststünden. Er musste sich das einreden, um etwa wach werdende Zweifel von vornherein im Keim zu ersticken. Einmal gefasste Entschlüsse wurden starrsinnig bis zum bitteren Ende verfolgt, um ja keine Unsicherheit aufkommen zu lassen. Ratschläge von Generalen oder sonst jemandem verbat man sich kurzerhand, wenn sie einem nicht ins Konzept passten, wenn man sie nicht hören wollte.

Weil es kritische Rückmeldungen so gut wie nicht gab, verfestigte sich die Scheinwelt, in der Hitler lebte, von Tag zu Tag mehr. Wer Kritik übte, wurde entlassen. Hitler war von Jasagern umgeben, die aufs geflissentlichste bemüht waren, ihm die Dinge so darzustellen, wie er sie sehen und hören wollte. Das Ausbleiben von jeglichem kritischen Feedback mochte Hitler in seinem Selbstbetrug, auf dem richtigen Weg zu sein, noch bestärkt haben. Es entwickelte sich eine unselige Eigendynamik, die durch den Jubel weiter Teile der Bevölkerung noch auf die Spitze getrieben wurde, und das Unheil nahm immer rascher seinen Lauf, bis der Karren schließlich laut krachend an der Wand zerschellte.

IV. Der egozentrische Machtmensch.

Besonders aufschlussreich dürfte sein, was August Kubizek in seinem Buch „Adolf Hitler, mein Jugendfreund" über seine Freundschaft mit dem noch jungen Hitler berichtet hat.

Kubizek, geboren am 3. August 1888, war mit Hitler in der Zeit von 1904 bis 1908 befreundet. Kennen lernten sie sich im Jahr 1904 im Stehparterre der Oper in Linz. Im Jahr 1908 teilten sie sich sogar ein Zimmer in der Stumpergasse in Wien bei einer Vermieterin namens Zakreys.

Kubizek fühlte sich von Hitler „unerhört" in Anspruch genommen. Hitler verfügte völlig eigenmächtig über Kubizeks Freizeit. Da Hitler an keine feste Ordnung gebunden gewesen sei, habe Kubizek sich ganz seinen Wünschen fügen müssen.[63]
Hitler ergriff von Kubizek regelrecht Besitz. Er duldete nicht, dass Kubizek außer mit ihm noch weitere Freundschaften unterhielt und Hitler tat alles, um das

zu verhindern. So nahm Hitler z.B. am Begräbnis eines Geigenlehrers von Kubizek teil, obwohl er diesen Lehrer gar nicht kannte, allein deshalb, weil er befürchtete, Kubizek könnte bei dieser Gelegenheit mit anderen jungen Leuten ins Gespräch kommen.[64] Auch musste Kubizek mit Hitler immer wieder ins Parlament in Wien gehen, um sich dort Debatten anzuhören, und zwar auch dann, wenn Kubizek gar kein Interesse daran verspürte.[65] Und wenn Kubizek eine Verdi-Oper in der Wiener Hofoper besuchen wollte, der Wagner-Fan Hitler aber zur gleichen Zeit eine Wagner-Oper, dann musste Kubizek sich fügen und mit Hitler in die Wagner-Oper gehen, selbst wenn diese Aufführung von minderer Qualität war.[66] Und als einmal eine von Kubizeks Musiknachhilfeschülerinnen in der Stumpergasse erschien, um von ihm eine Auskunft zu bekommen, weil sie mit einer Arbeit nicht zurecht kam, fiel Hitler, kaum dass das Mädchen wieder gegangen war, erbost über Kubizek her, ob das gemeinsame Zimmer nun auch „zum Rendezvous für dieses musikalische Weibsgezücht" dienen solle.[67]

Hitler vereinnahmte Kubizek demnach total und Kubizek seinerseits stellte fest, dass Hitler es nie ertragen hätte, wenn Kubizek neben Hitler noch eine andere Bekanntschaft gehabt hätte.[68] Hitler erwartete von Kubizek nur eines: Zustimmung.[69] Er forderte von Kubizek eine völlige Unterordnung, und die Freundschaft zwischen beiden konnte offensichtlich nur deshalb funktionieren, weil Kubizek sich mit der Rolle des passiven Zuhörers begnügte.[70] Hitlers narzisstisch-ausbeuterischer Charakter[71] trat demnach schon sehr bald und sehr nachhaltig in Erscheinung.

Daran änderte sich auch später nichts mehr. Gleichgültig in welcher Gesellschaft Hitler sich befand, gleichgültig über welches Thema gesprochen wurde – stets musste er das große Wort führen.[72] Hitler war bekannt für seine berüchtigten Monologe, und seine Sekretärin Christa Schroeder hatte oft das Gefühl, dass es für Hitler gar keinen Unterschied machte, mit wem er sprach, – dass es ihm nur darauf ankam, Zuhörer zu haben.[73]

Ebenso, wie Hitler Kubizek für sich vereinnahmte, wollte er später z.B. auch von seiner Nichte Geli Raubal Besitz ergreifen. Hitler hatte sie in München in seine Wohnung aufgenommen und verwöhnte sie über alle Maßen.[74] Über sie soll er gesagt haben: „Es gab nur eine Frau, die ich geheiratet hätte".[75]

Die Nichte soll sich bei ihrem Onkel aber wie in einem goldenen Käfig gefühlt haben.[76] Das Verhältnis zu ihr soll platonisch geblieben sein, jedoch von Eifersucht durchtränkt.[77] Eine sexuelle Beziehung soll es nicht gegeben haben.[78] Als dann die Nichte beabsichtigte, einen Kunstmaler aus Linz zu heiraten, versuchte Hitler das mit allen Mitteln zu verhindern. Er veranlasste Gelis Mutter, Hitlers Halbschwester, die ebenfalls Geli genannt wurde, ihrer Tochter und dem

Kunstmaler ein Trennungsjahr der Prüfung auf-
zuerlegen. In einem Brief an Geli erkannte der
Kunstmaler aber wohl durchaus zu recht: „...Ich kann
mir jedoch die Handlungsweise Deines Onkels nur
aus egoistischen Beweggründen Dir gegenüber
erklären. Er will ganz einfach, daß Du eines Tages
keinem anderen gehören sollst als ihm...Dein Onkel
ist eine Gewaltnatur..."[79]

In der Beziehung zu Kubizek und auch sonst zeigte
es sich, dass Hitler andere Menschen nur benutzte.
Er verfügte über sie, solange sie für ihn von Vorteil
waren.

Auch seine Partei, die NSDAP, war für Hitler nur das
Instrument einer persönlichen Machtergreifung. Ein
Politbüro hatte sie nie und Kronprinzen ließ Hitler
nicht aufkommen.[80]
Hitler sah sich als das Maß aller Dinge und bezog
alles auf sich selbst. So verhielt er sich als Jugendlicher und auch weiterhin, als er schon längst Reichskanzler war. Alles nahm er persönlich und als unum-
schränkter Herrscher betrachtete er offenbar auch
die Regierungsgeschäfte als eine Art persönliche Angelegenheit.
Nachdem z.B. Mussolini ihm versichert hatte, er
werde gegen einen Einmarsch Hitlers in Österreich
nichts unternehmen, wusste Hitler sich vor Dankbar-
keit kaum zu fassen. Er ließ Mussolini ausrichten,
dass er ihm das nie vergessen werde. „...Nie, nie,

nie, es kann sein, was es will... Wenn die österreichische Sache jetzt aus dem Weg geräumt ist, bin
ich bereit, mit ihm (sc. Mussolini) durch dick und
dünn zu gehen, das ist mir alles gleichgültig."[81] Hitler
benahm sich nicht wie ein Staatsmann. Er führte sich
auf, als habe Mussolini nicht dem Deutschen Reich,
sondern ihm persönlich einen Freundschaftsdienst
erwiesen. Den Staat betrachtete er offensichtlich als
seine Verfügungsmasse, mit der er tun und lassen
konnte, was er wollte, gewissermaßen als sein
Eigentum. Wer etwas zugunsten des Deutschen Reiches unternahm, tat es – so seine Sichtweise – für
ihn.

In Gegnern des Deutschen Reiches wie Churchill
und Roosevelt sah er demnach folgerichtig gleichzeitig wohl auch seine persönlichen Feinde. Roosevelt
beschimpfte er z.B. in der Rede, die er am Tag der
Kriegserklärung an die USA am 11.12.1941 vor dem
Reichstag hielt, als geisteskrank.[82]

Und nachdem der tschechoslowakische Staatspräsi-
dent Emil Hácha, um eine Bombardierung Prags abzuwenden, in der Nacht vom 14. auf den 15. März
1939 ein Kommuniqué unterschrieben hatte, dass er
„das Schicksal des tschechischen Volkes und Lan-
des vertrauensvoll in die Hände des Führers des
Deutschen Reiches gelegt" habe, verlor Hitler vor
lauter Glückseligkeit vollends die Contenance. Er
kam „beschwingten Schrittes" in das Büro seiner Sekretärinnen und forderte sie auf, ihn zu küssen. „Kin-

der, das ist der größte Tag meines Lebens. Ich werde als der größte Deutsche in die Geschichte einge-hen."[83] Ich, ich, ich! Ich der größte Deutsche der Ge-schichte! Das war ihm offensichtlich das Wichtigste. Für einen Augenblick war das ewig nagende Gefühl, ein Versager zu sein, verschwunden. Aber eben nur für eine kurze Zeit. Dann musste er sich wieder er-neut behaupten und beweisen.

Der nächste Schritt, der alsbald folgte, war schon eine Woche später die Angliederung des Memellan-des, der letzte Landgewinn Hitlers, der ohne Blutver-gießen vonstatten ging. Hitler zwang Litauen, das 1923 annektierte Memelgebiet am 22. März 1939 an das Deutsche Reich abzutreten.[84]

V. Hitler, der halbgebildete Kleinbürger.
Man wird Hitler wohl schon zubilligen müssen, dass er durchaus vielseitig interessiert war.

Laut Kubizek soll er sich u.a mit Goethe, Schiller und Lessing beschäftigt[85] und schon im Alter von etwa 14 Jahren Dantes „Göttliche Komödie gelesen haben.[86] Er begeisterte sich für die Musik Wagners und befasste sich intensiv mit Architektur.

Hitler selbst schrieb über seine Wiener Zeit in „Mein Kampf", er habe damals unendlich viel gelesen, „und zwar gründlich". In dieser Zeit hätten sich ihm ein Weltbild und eine Weltanschauung gebildet, die zum „granitenen Fundament" seines derzeitigen Han-delns geworden seien. Er schrieb dann mit der „froh-gemuten Ignoranz des Halbgebildeten"[87] weiter: „Ich habe zu dem, was ich mir so einst schuf, nur weniges hinzulernen müssen, zu ändern brauchte ich nichts."[88] Und genau hier lag das Problem: Wie ein von sich selbst berauschter Jüngling in der Pubertät, so glaubte Hitler allen Ernstes, nichts mehr dazulernen zu müssen, schon alles zu wissen. Und gerade, weil er im Grunde nichts wusste, überschätzte er sich gewaltig. Er wusste eben nicht, dass er nichts wusste.

Hitlers Denken und Handeln waren nicht rational ausgerichtet sondern emotional bestimmt. Man könnte auch sagen, er handelte „aus dem Bauch heraus". So war er z.B. empfänglich für Hanns Hörbigers Welteislehre[89], eine diffuse Theorie, nach der ein eisiger Planet in eine riesige Sonne gestürzt und explodiert sein soll und nach der durch die Zersplitterung des Planeten unser Sonnensystem entstanden sein soll.

Gewiss, Hitler hat viel gelesen. Aber eben auch viel Unsinn. Eine feinsinnige Gedankenarbeit war seine Sache nicht. Gregor Strasser hatte den Eindruck, dass Hitler seine Ideen entwickelte, während er noch redete.[90] Die Dinge wurden so gefiltert, dass sie in sein Weltbild, das er sich bewahren wollte, passten und bestehende Vorurteile festigten. Einer kritischen Überprüfung unterzogen wurden die einmal gewonnenen Ansichten in aller Regel nicht mehr. Es formten sich so seine irrationalen Ideologien, zusammengesetzt aus Elementen des Sozialdarwinismus und irgendwelcher abstruser Rassenlehren[91], die er ohne die geringsten Selbstzweifel rücksichtslos und unter Ausnutzung der gesamten ihm zur Verfügung stehenden Machtmittel verfolgte bis hin zum bitteren Ende.

Nur zu gern hätte Hitler das kleinbürgerliche Milieu, aus dem er hervorgegangen war, hinter sich gelassen. Er fürchtete sich davor, im Proletariat aufzugehen.[92] Das wollte er unter allen Umständen vermeiden.[93] Er verglich sich mit Richard Wagner[94] und er träumte davon, den gesellschaftlichen Aufstieg zu schaffen. Er tat jedoch nichts dafür. Allen Anforderungen wich er aus. Er brachte es nicht zu einem ordnungsgemäßen Schulabschluss und machte auch sonst keine Anstalten, etwas Vernünftiges zu lernen oder einer geordneten Tätigkeit nachzugehen.

Es fehlte zwar nicht an Versuchen von verschiedenen Seiten, Hitler in die gehobene Gesellschaft einzuführen. So bemühten sich die Klavierfabrikantin Helene Bechstein und die Ehefrau des Verlegers Hugo Bruckmann, Elsa Bruckmann, Hitler in den besseren Kreisen Münchens und Berlins bekannt zu machen. Aber so richtig angekommen ist Hitler dort wohl nicht. Volker Ullrich vermutet, dass es Hitlers „bizarre Erscheinung und sein exzentrisches Verhalten" waren, die Hitler für Angehörige der gesellschaftlichen Elite interessant machten. Man müsste den Mann gesehen haben, über den ganz München

sprach.[95] Frauen, denen Hitler den Hof machen wollte, sollen darauf jedoch mit „einem Achselzucken, einem Kopfschütteln oder mit einem hoffnungslosen
Blick gen Himmel" reagiert haben. Zumindest Ernst
Hanfstaengl, genannt „Putzi", ein Wegbegleiter Hitlers in den 20er und 30er Jahren und Auslandspres-
sechef der NSDAP bis 1937, wusste „auch nicht von
einem einzigen, tatsächlich stattgefundenen oder
vielleicht nur vermuteten Tête-à-Tête mit Hitler zu
berichten, über das die beteiligten Damen sich anders geäußert hätten".[96]

Es blieb offenbar eine unsichtbare Wand, die nicht
überwunden werden konnte. Am dünnsten war sie
vielleicht noch zwischen ihm und dem Hause Wagner in Bayreuth. Aber zu einer großbürgerlichen Souveränität hat es Hitler nie gebracht. So schmeichelte
es ihm z.B. außerordentlich, als sich der britische
Premierminister Chamberlain im September 1938
entschied, zu Hitler nach Berchtesgaden zu kommen. Seinen wahren Charakter konnte Hitler vor
Chamberlain aber augenscheinlich nicht verbergen.
In London jedenfalls sprach Chamberlain voller Verachtung über Hitler, er sei „der ordinärste kleine
Hund", dem er je begegnet sei[97] und Hitler sei „nicht
gerade jemand, mit dem man auf einem Tandem um
die Welt radeln möchte".[98] Allerdings hielt er Hitler für
glaubwürdig: Auf diesen Mann könne man sich verlassen, wenn er einem sein Wort gegeben habe[99],
und er habe Hitler gesehen und er glaube ihm.[100] Mit

dem Einmarsch der Wehrmacht in die restliche Tschechoslowakei belehrte Hitler Chamberlain und die ganze Welt wenige Monate später dann jedoch eines anderen.

Hitler hatte offenbar Freude an Destruktion und Zerstörung um ihrer selbst willen. So kannte Hitlers Begeisterung keine Grenzen, als am Ende eines Filmberichts über die Zerstörung Warschaus noch die fiktive Zerstörung Englands gezeigt wurde. Ein Sturzkampfbomber löste eine Bombe aus und die britische Insel, zerfetzt in Stücke, flog in die Luft. Hingerissen rief Hitler aus: „So wird es ihnen ergehen! So werden wir sie vernichten!"[101] Von staatsmännischer Zurückhaltung kann da keine Rede sein.

Dass es auch anders geht, bewies Winston Churchill Ende November/Anfang Dezember 1943 während der Konferenz von Teheran: Stalin hatte den Vorschlag gemacht, nach Kriegsende 50 – 100.000 deutsche Offiziere zu erschießen. Während Roosevelt das für einen Scherz hielt, erklärte Churchill, der Grund genug gehabt hätte, sich von Rachegedanken leiten zu lassen, eher solle man ihn, Churchill, erschießen, als dass er der Erschießung deutscher Offiziere zustimmen würde. Churchill erwies sich als untadeliger Ehrenmann und somit als das genaue Gegenteil von Hitler.

Hitler wurde von seiner Umgebung vielleicht respektiert und wegen seiner Unbeherrschtheit und Unberechenbarkeit wohl eher noch gefürchtet. Er war aber in den gehobenen Schichten der Gesellschaft sicher nie akzeptiert. Und mit den konservativen Kreisen des Offizierskorps kam Hitler überhaupt nicht zurecht.[102] Der Chef des Generalstabs des Heeres, Franz Halder, war gewiss nicht der einzige höhere Offizier, der in Hitler eine „Gewaltnatur" sah, „die keine Grenzen des Möglichen anerkennt und ihre Wunschträume zum Gesetz des Handelns macht".[103] Hitler war und blieb zeitlebens nichts anderes als eine unbeherrschte, jähzornige und primitive Persönlichkeit, die ihre aggressive Natur zu keinem Zeitpunkt jemals in den Griff bekam. „Es soll jeder erschossen werden, der nur schief schaut." So äußerte sich Hitler am 16. Juli 1941 während einer Besprechung im Führerhauptquartier dazu, wie mit bolschewistischen Russen umzugehen sei.[104] Er suhlte sich in seinen Hassgefühlen und überschlug sich geradezu, wenn er über Juden herzog. Kurzum: eine vulgäre Existenz.

Und so blieb er letztendlich unter seinesgleichen. Am wohlsten fühlte er sich, wenn überhaupt, noch inmitten der Entourage, die er schon in der Kampfzeit um sich gesammelt hatte. Diese Gesellschaft brachte er auch in die Reichskanzlei mit: Wilhelm Brückner und Julius Schaub, seine Adjutanten, Julius Schreck, seinen Fahrer, Heinrich Hoffmann, seinen Fotografen.

Hanfstaengl nannte sie die „Chauffeureska".[105] Goebbels fand es schon 1931 schrecklich, Hitler unter „diesen Banausen" zu sehen.[106] Fahrer, Leibwächter, Sekretäre, mit ihnen liebte er es, stundenlang zusammmen zu sitzen.[107]

Hitler blieb auch als Reichskanzler der Kleinbürger, der er schon immer gewesen war. Für die amerikanische Journalistin Dorothy Thompson war Hitler der Inbegriff des „kleinen Mannes".[108]

VI. Der Bohemien und Chaot.

Einen „Brotberuf" zu ergreifen, lehnte Hitler ab. Er war zwar stets rastlos beschäftigt, irgendwie immer auf der Flucht vor sich selbst. Um sich ein Ergebnis, einen Erfolg zu erarbeiten, dafür fehlte es ihm aber schon seit der Schulzeit an Geduld und Ausdauer. Eine geordnete Tätigkeit war ihm ebenso zuwider, wie es ihm auch widerstrebte, sich an einen durchstrukturierten Tagesablauf zu gewöhnen. So ist es auch kein Wunder, dass sich Hitler mit Händen und Füßen gegen den Wunsch seines Vaters sträubte, die Beamtenlaufbahn einzuschlagen. Hitler wollte vielmehr Künstler werden, sich der Kunst widmen (vgl. S. 23).[109] Er zeichnete, malte und dichtete.[110] Ständig in Unruhe und mit sich selbst nie im reinen, stürzte er sich mit umso größerem Eifer in die verschiedensten Aktivitäten. Bereits während der Zeit mit Kubizek befasste er sich intensiv mit der architektonischen Umgestaltung von großen Plätzen, etwa dem Heldenplatz in Wien[111], oder auch mit Entwürfen für den Neubau einer großen Tonhalle in Linz.[112] Er versuchte, eine Oper zu komponieren.[113] „Wieland der Schmied" sollte sie heißen. Auch wollte er das Klavierspielen erlernen, freilich ohne hierauf Fleiß und Ausdauer zu verwenden und die Zeit mit lästigem Üben zu verschwenden. So blieb sein Klavierspiel und auch alles, was er sonst unternahm, nur unvollendetes Stückwerk und im Stadium des Dilettantismus stecken.

Hitler war vor allem nachts aktiv. Am Morgen schlief er.[114]

Er war stets unpünktlich. Einen festen Stundenplan gab es nicht. Manchmal erschien er zum Frühstück, manchmal nicht. War das Mittagessen auf ein Uhr bestellt, dann konnte es auch drei Uhr werden, bis Hitler auftauchte. Notfalls musste das Essen zweimal zubereitet werden.[115]

Unter Hitlers ungeordnetem Tagesablauf hatten insbesondere auch seine Sekretärinnen zu leiden, die stets verfügbar sein mussten und sich für Diktate bereit zu halten hatten. Nachts, so meinte Hitler, hätte er seine besten Ideen.[116]

Als Hitler sich Anfang April 1938 kurze Zeit in Linz aufhielt, nutzte sein Sekretär Martin Bormann die Gelegenheit, um sich bei Kubizek zu erkundigen, ob denn Hitler in seiner Jugendzeit auch immer so spät schlafen gegangen sei. Er gehe keinen Tag vor Mitternacht zu Bett und schlafe dann weit in den Morgen hinein, während seine Umgebung, die es dem Kanzler am Abend gleichtun müsse, am nächsten Tag schon früh auf den Beinen stehen müsse.[117]

Zu einer gewissen Regelmäßigkeit musste Hitler sich allerdings vorübergehend in der Zeit nach seiner Ernennung zum Reichskanzler bequemen. Er hatte jetzt die Sitzungen des Kabinetts zu leiten, die zu Beginn seiner Kanzlerschaft durchschnittlich alle zwei Tage stattfanden.[118]

Der Reichspressechef der NSDAP, Dr. Otto Dietrich, berichtete, dass Hitler, nachdem er in die Wilhelmstraße eingezogen war, sich mit Eifer und Pünktlichkeit in sein ungewohntes Amt eingearbeitet habe. Solange Hindenburg, nur durch das Auswärtige Amt getrennt, sein Nachbar gewesen sei, sei Hitler jeden Vormittag um 10 Uhr zum Dienst, d.h. an seinem Schreibtisch im Arbeitszimmer, erschienen. Er habe regelmäßig, wenn auch unwillig, Kabinettssitzungen geleitet, in denen er damals noch nicht die Mehrheit gehabt hätte und in denen er sich zähneknirschend zu Kompromissen habe bequemen müssen. Als Hindenburg sich Ende des Jahres 1933 aus gesundheitlichen Gründen nach Ostpreußen zurückgezogen habe, hätte Hitler jede Regelmäßigkeit in seinem Amt und Dienst wieder beendet. Er sei, wie es seine Gewohnheit gewesen sei, bis mittags zurückgezogen geblieben und auch während des Tages nur zu wichtigen Empfängen in sein Dienstzimmer gegangen. Alles andere habe sich in seiner Wohnung in „fliegender" Form abgespielt, im Stehen und Gehen zwischen Tür und Angel.[119]

Nachdem also der Reiz des neuen Amtes schnell wieder verflogen und zudem die Autorität Hindenburgs in weite Ferne gerückt war, kehrte Hitler eilends wieder zu seinem früheren Schlendrian zurück, so dass sich sein Architekt und späterer Rüstungsminister Albert Speer oftmals fragte: „Wann arbeitet er eigentlich?"[120]

Die alltägliche politische Arbeit überließ Hitler der Reichskanzlei unter Dr. Hans Heinrich Lammers, der Präsidialkanzlei unter Otto Meissner und später auch noch der Kanzlei des Führers unter Martin Bormann.

Die Kabinettssitzungen wurden immer seltener und unregelmäßiger abgehalten. Die letzte Sitzung fand schließlich am 5. Februar 1938 statt.[121] Sich mit Verwaltungsdetails herumzuschlagen entsprach eben nicht Hitlers Selbstverständnis als „politischer Künstler", als den er sich sah.[122]

Für die Minister und die Unterführer der Partei war Hitler schwer zu erreichen, vor allem während der Sommermonate, in denen Hitler sich meist auf dem Obersalzberg bei Berchtesgaden aufhielt.[123]

Hitler verabscheute das Gespräch mit Mitarbeitern.

Er liebte keine Debatten und seinen Willen äußerte er nur unregelmäßig, unsystematisch und unzusammenhängend.[124] Vorlagen von mehr als einer Seite weigerte er sich zu lesen. Gleichwohl beharrte Hitler darauf, alle wichtigen Entscheidungen allein zu treffen. Die Kunst der Politik bestand in der Zeit des Nationalsozialismus zunehmend weniger darin, überzeugende Konzepte vorzulegen oder in geregelter Diskussion einen Standpunkt zur Geltung zu bringen, als vielmehr darin, dass man zu einem günstigen Zeitpunkt Hitlers Gehör zu finden suchte und hoffte, Hitler werde sich einverstanden erklären, was er auch recht häufig tat. Den Ministern, Beamten und Parteigrößen überließ er dann den Streit darüber, womit genau er sich einverstanden erklärt hat.[125]

Der ungeordnete Arbeitstil Hitlers schlug letztendlich durch auf die gesamte Organisationsstruktur des Staatsgebildes. Das Staatswesen war in einer progredierenden Auflösung begriffen. Immer wieder wurden ohne Rücksicht auf gewachsene Hierarchien für Behörden und Parteidienststellen nach kurzfristigen Zweckmäßigkeitserwägungen neue Zuständigkeiten geschaffen, die nicht selten parallel verliefen oder einander überschnitten. Die Folge waren Kompetenzkonflikte und Streitigkeiten der beteiligten Ressorts, Kämpfe um Protektionen und schließlich der Zerfall der Regierung in eine Polykratie völlig unübersichtlicher partikularer Ressorts, dem Hitler frei-

lich keinerlei Einhalt gebot. Das institutionelle Ge-
strüpp wurde immer undurchsichtiger und die Impro-
visation wurde zur Nemesis.[126]

Nivelliert wurde auch das Verfahren der Rechtset-
zung. Mit der Verabschiedung des Ermächtigungsge-
setzes am 23. März 1933 wurde der Unterschied
zwischen Gesetzen und Verordnungen praktisch auf-
gehoben. Da sich das Verordnungsverfahren im Laufe der Zeit aber auch noch als zu umständlich erwies, traten an die Stelle der Verordnungen in zunehmendem Maße die sog. Führererlasse.[127]

Vorschub leistete diese Entwicklung einer immer
schärfer um sich greifenden Tyrannei, denn, da das
Staatsgefüge im Begriff war, sich immer mehr aufzu-
lösen und in Anarchie zu versinken, konnten die einzelnen Behörden und Einrichtungen umso freier
nach Gutdünken verfahren und den Führerwillen so
umsetzen, wie sie es für richtig hielten, ohne dass irgendwelche Kontrollinstanzen Einhalt geboten hätten. Wenn sie dabei noch möglichst rücksichtslos
vorgingen, durften sie in aller Regel auch davon
ausgehen, dass sie am ehesten im Sinne des „Führers" handelten. „Hitler entgegenarbeiten" lautete die
Parole.[128]

Dass es sich bei diesem Chaos allerdings um ein
von Hitler gezielt angelegtes Durcheinander von
Kompetenzen gehandelt hätte, womit Hitler seine Al-

leinherrschaft hätte absichern wollen[129], ist fraglich. Mitunter soll er zwar „Stellen und Personen mit gleichen oder ähnlichen Aufgaben" absichtlich beauftragt haben. Dann würde sich „der Stärkere" durchsetzen.[130] Ansonsten befasste Hitler sich mit Zuständigkeitsfragen nicht gern und er war aufgrund seiner unsystematischen Denkweise sicher auch gar nicht in der Lage, Kompetenzen klar gegeneinander abzugrenzen.[131] Man geht deshalb sicher nicht fehl in der Annahme, dass die chaotische Verwaltungsstruktur des nationalsozialistischen Staates ganz einfach einer intuitiven Neigung Hitlers entsprach und ein Spiegelbild der inneren Verfassung des Mannes war, der an der Spitze dieses Staatsgebildes stand.

VII. Der launenhafte Tyrann.

Kompromisse hasste Hitler schon als Jugendlicher.[132] Nachgeben konnte er nicht. Das hätte ihm allzu leicht als Schwäche ausgelegt werden können. Und das war das, was Hitler am wenigsten gebrauchen konnte. Stets im Angriffsmodus, musste er sich andauernd beweisen und sich durchsetzen. Er war unerbittlich und er war es gewohnt, immer aufs Ganze zu gehen.[133] Er war, wie schon erwähnt, eigenmächtig, rechthaberisch und jähzornig.[134] Hoch emotional und ständigen Stimmungsschwankungen unterworfen, war er für seine Umgebung unberechenbar. Seine Zornausbrüche waren gefürchtet und wurden wahrscheinlich nicht selten durchaus kalkuliert eingesetzt, als wirksames Mittel nämlich, um die

Umgebung einzuschüchtern und in Angst und Schrecken zu versetzen so, wie er es schon als Kind bei seiner Mutter mit Erfolg praktiziert hatte. Gewiss verdankte Hitler es neben seinem Redetalent nicht zuletzt auch seiner schroffen Art, dass er die Machtkämpfe innerhalb seiner Partei erfolgreich bestand. So machte er z.B. im Juli 1921, nachdem er zwischenzeitlich aus der NSDAP ausgetreten war, seinen Wiedereintritt davon abhängig, dass er zum „Ersten Vorsitzenden mit diktatorischer Machtbefugnis" ernannt würde. Diese und noch weitere in ultimativer Form erklärte Bedingungen wurden erfüllt, weil man glaubte, auf Hitler nicht verzichten zu können.[135]

Martin Bormann beklagte sich nicht nur über den Tag-Nachtrhythmus des Kanzlers (vgl. S. 47) sondern auch über dessen Wutausbrüche, denen kein Mensch begegnen könne.[136] Hitler war damals allerdings schon fast 50 Jahre alt, und auch der Umstand, dass er, wie schon als Jugendlicher, immer noch zu Tobsuchtsanfällen neigte, deutet – wie noch so manches andere – daraufhin, dass Hitler in seinem Reifungsprozess irgendwo frühzeitig stehen geblieben sein muss.

Allerdings konnte Hitler durchaus auch freundlich sein, und es ist bekannt, dass insbesondere Frauen rasch seinem Charme erlagen. Von seiner Person ging eine charismatische Ausstrahlung aus, die so-

wohl den einzelnen wie auch die Massen beein-
druckte.

Der bereits erwähnte Pressechef der NSDAP, Dr.
Otto Dietrich, zum Beispiel staunte über die „innere
Widersprüchlichkeit" Hitlers, die „ins Übermäßige ge-
steigert" gewesen sei.[137]

Da es Hitler nicht vergönnt war, eine authentische,
in sich gefestigte Persönlichkeit zu entwickeln, trat er
in ständig wechselnden Rollen auf. In den Salons
der Bechsteins und der Bruckmanns spielte er den
Bürger im Anzug mit Krawatte, während er auf den
Parteitagen den Prototyp des Kämpfers abgab, der
aus seiner Verachtung der bürgerlichen Gesellschaft
keinen Hehl machte.[138] Mit diesen Gegensätzlichkei-
ten blieb Hitler selbst für die Menschen in seiner en-
geren Umgebung immerfort ein Rätsel. Es war an
ihm eben nichts echt, alles Fassade, alles verlogen.

Dabei neigte Hitler durchaus auch zu Sentimentali-
tät[139], und er war leicht beeinflussbar. So z.B. berichtete die jüngste Tochter Winifred Wagners, Verena,
die als Krankenschwester in Bessarabien stationiert
war, Hitler einmal über die unerträglichen Zustände
in einem Häftlingszug, die sie dort habe mitansehen
müssen. Hitler soll sich daraufhin völlig entsetzt gezeigt und über die „wahnsinnige Schweinerei" ge-
schimpft haben.[140] Dabei war es doch Hitler selbst,
der durch seine Politik die unmenschliche Behandlung der Menschen in dem Häftlingszug letztendlich

zu vertreten hatte, und sein Mitleid war sicherlich nur oberflächlicher Natur. Aber schon dieses einfache Beispiel zeigt recht anschaulich, wie labil und schwierig Hitler in seiner Meinungsbildung einzuschätzen war.

VIII. Der Ungeduldige.

Schon während der Zeit des Zusammenlebens mit Kubizek zeigte es sich, dass Hitler ein ungeduldiger Mensch war. Schwebezustände konnte er nicht ertragen. Auch weitreichende Entscheidungen Hitlers wurden durch sein Unvermögen beeinflusst, einen günstigeren Zeitpunkt abzuwarten und Ungewissheiten eine Zeit lang hinzunehmen.

Hitler hatte z.B. stets betont, dass ein Angriff auf Russland, auch wenn er schon immer das Ziel seiner Politik gewesen sei, nur unter der Grundvoraussetzung erfolgen werde, dass man ein Eingreifen der Westmächte ausschließen könne. Ein Zweifrontenkrieg, wie er im Ersten Weltkrieg geführt worden sei, müsse verhindert werden. Diese These wurde schon in „Mein Kampf" formuliert und dann von Hitler in einer Rede vor ranghohen Offizieren am 22. November 1939 nochmals bestärkt.[141]

Mit dieser Einsicht war es jedoch vorbei, als die Engländer nach der Niederwerfung Frankreichs auf deutsche Friedenssondierungen nicht eingingen und als es auch nicht gelang, England zu besiegen. Ent-

nervt durch die Ausdauer und Unbeirrbarkeit der Briten änderte Hitler jetzt seine Ansicht wie folgt:
Englands Hoffnung seien Russland und Amerika. Sei aber Russland erst einmal zerschlagen, dann sei auch Englands letzte Hoffnung getilgt. Je schneller man Russland zerschlage, umso besser.[142]
Die durchaus berechtigten Bedenken gegen einen Zweifrontenkrieg fielen damit Hitlers Ungeduld zum Opfer. Und so begann am 22. Juni 1941 das „Unternehmen Barbarossa", nämlich der Einmarsch in die Sowjetunion und somit eben der Zweifrontenkrieg, den man gerade vermeiden wollte.

Hitlers Unfähigkeit, mit Schwebezuständen umzugehen, könnte auch eine Erklärung sein für die angeblich rätselhafteste Entscheidung Hitlers während des Zweiten Weltkriegs, nämlich für die Kriegserklärung vom 11. Dezember 1941 an die USA[143], wenige Tage nach dem Überfall der Japaner auf Pearl Harbor am 7. Dezember 1941 und der Kriegserklärung der Amerikaner an Japan am 8. Dezember.
Es wird vermutet, Hitler habe die USA in einen Zweifrontenkrieg gegen Japan und Deutschland zwingen wollen, um einen allzu raschen Zusammenbruch Japans zu verhindern, der es dann wiederum den USA ermöglichen würde, ihre gesamte Kriegsmacht gegen Deutschland zu richten.[144]
Als weiteren Grund für die Kriegserklärung führt der britische Historiker Ian Kershaw den unerklärten U-Boot-Krieg mit den USA an.[145] Ein solcher Zustand

der Ungewissheit bedeutete für Hitler eine Belastung und war schnellstens zu beenden. Als er dann nach dem Kriegseintritt der USA auf Grund des japanischen Überfalls auf die amerikanische Flotte in Pearl Harbor einen Vorwand hatte, dem japanischen Bundesgenossen zur Seite zu springen und Amerika den Krieg zu erklären, soll Hitler förmlich aufgeatmet haben. Jetzt sei ihm „diese Zentnerlast vom Herzen heruntergefallen" schrieb Goebbels am 13. Dezember in sein Tagebuch.[146]

Es mag bei der Entscheidung, den USA den Krieg zu erklären, aber auch noch etwas anderes eine Rolle gespielt haben:

Bis zum Herbst 1941 schwamm Hitler geradezu auf einer Woge großer militärischer Erfolge. Wenn man einmal von der missglückten Luftschlacht gegen England absieht, wurden alle von ihm trotz vieler Bedenken verschiedener Militärs begonnenen Feldzüge innerhalb kurzer Zeit siegreich beendet. Das Wort vom „Blitzkrieg" machte die Runde. Hitler, der sich als genialer Stratege sah, wurde als der „größte Feldherr aller Zeiten" gefeiert und stand auf dem Gipfel seines Ruhmes. Da kam der Russlandfeldzug im Herbst 1941 ins Stocken und Anfang Dezember vor Moskau ganz zum Stehen. Das hatte Hitler nicht in sein Kalkül miteinbezogen. Und auf einmal begannen sich vielleicht auch schon erste Zweifel zu melden, ob der Traum vom größten Deutschen, als der er in die Geschichte eingehen wollte, sich überhaupt erfüllen würde. Das passte Hitler sicher gar nicht ins Konzept. Für ihn war das jetzt offensichtlich eine völlig neue Situation. Statt des raschen Sieges über den „jüdischen Bolschewismus", mit dem er fest gerechnet hatte und den er sich als die Krönung seines Lebenswerkes vorgestellt hatte, Stillstand und Ungewissheit, wie es weitergehen würde. Bei Hitler trat ein Stimmungsumschwung ein. Seither war er häufig niedergeschlagen.[147] Das Steckenbleiben der Offensive in Eis und Schnee muss für Hitler ein schwerer Schlag gewesen sein. Auch diesen versuchte er nun vermutlich in der ihm üblichen Weise zu bewältigen so, wie er es schon sein ganzes Leben lang gehandhabt hatte: Die unangenehme Wirklichkeit wurde ausgeblendet und weggeschoben. Stattdessen trat man die Flucht nach vorn an[148] und stürzte sich in neue Aktivitäten, um möglichst schnell und kurzfristig wieder zu einem Erfolgserlebnis zu gelangen. Auf eine vernünftige Planung wurde verzichtet. Die hätte ja allenfalls neue Bedenken erwecken können.

In dieser Situation kam ihm vermutlich der Angriff der Japaner auf die amerikanische Pazifikflotte in Pearl Harbor gerade recht: Die vermeintliche Bedrängnis der Amerikaner ausnützen, um schnell an die früheren Erfolge wieder anknüpfen zu können, das könnte seine Absicht und Hoffnung gewesen sein. Dass dieser Schnellschuss in militärischer Hinsicht absurd war, interessierte Hitler nicht und er wollte es gewiss auch von niemandem hören. Eine solche Handlungsweise würde sich jedoch nahtlos in

Hitlers bisheriges Verhaltensschema einfügen, welches gekennzeichnet war durch Ungeduld, geringe Frustrationstoleranz und Realitätsferne, oder anders ausgedrückt: durch „krankhaftes Reagieren auf Augenblickseindrücke".[149]

So gesehen, könnte das eine ganz einfache Erklärung sein für eine militärisch allerdings völlig unsinnige Entscheidung.

IX. Sendungsbewusstsein und Größenwahn.

Bereits Kubizek beobachtete bei Hitler starke Stimmungsschwankungen, die von euphorischem Sendungsbewusstsein bis zu selbstquälerischen Depressionen reichten.

Hitler war schon von Jugend an mit aller Welt überworfen[150] und er schleuderte Hasstiraden gegen die Menschheit, die ihn nicht verstand.[151] Andererseits fühlte er sich ständig zu Höherem berufen und entwickelte große Ideen zum Wohle der Menschheit. So erklärte er seinem Freund Kubizek: „Ich arbeite an der Lösung des Wohnungselends in Wien." Das interessierte allerdings sonst niemand, und deshalb blieb es bei Kubizek hängen, Hitlers Weltverbesserungspläne oft bis in die Nacht hinein anhören zu müssen, wobei Kubizek bisweilen vom Schlaf überwältigt wurde. Das allerdings nahm Hitler ihm dann sehr übel.[152]

Schon damals zeigten sich der Fanatismus, mit dem Hitler später auch seine Reden hielt, und die Besessenheit, mit der er sich in seine Vorstellungen von der Überlegenheit der „arischen Rasse" und von der Bedrohung der Menschheit durch das „Weltjudentum" und den „jüdischen Bolschewismus" verrannte – ohne Sinn und Verstand, stur bis zum endgültigen Untergang.

Hitler war eingenommen von Phantasien über seine eigene Bedeutung. Schon von jungen Jahren an erfüllte ihn ein aufdringliches Sendungsbewusstsein. So fühlte er sich bereits im Alter von etwa sechzehn Jahren, als er nach dem Besuch der Wagner-Oper Rienzi nachts zusammen mit Kubizek noch auf den Freinberg bei Linz gestiegen war, – bei aller Bescheidenheit – berufen, das Volk aus der Knechtschaft zu führen.[153]

Und mit keinem Geringeren als Wagner glaubte Hitler das Schicksal zu teilen, dass die Menschheit seine – wie auch Wagners – wirkliche Bedeutung nicht erkennen würde. Hitler, der ewig Unverstandene, dem nie Gerechtigkeit widerfährt, der Einsame und von aller Welt Verlassene, der Kämpfer für die wahren Werte. So oder so ähnlich wird wohl das Bild ausgesehen haben, wie sich der junge Hitler selbst sah bzw. sehen wollte – und das er sich bis an sein Lebensende bewahrte.

Es liegt hier natürlich der Einwand nahe, dass solche Phantastereien bei einem Menschen in der Pubertät nicht ungewöhnlich sein mögen. Das mag zutreffen und daran liegen, dass ein Mensch im jugendlichen

Alter mangels hinreichender Lebenserfahrung vielleicht noch nicht den erforderlichen Überblick hat, um sich in seine Umgebung realistisch einzuordnen, und dass er deshalb möglicherweise auch zur Selbstüberschätzung neigt. Bei Hitler hielten Sendungsbewusstsein und ein ausgeprägter Größenwahn jedoch ein ganzes Leben lang an, waren also zeitlich keineswegs auf das Alter der Pubertät beschränkt. So hatte Hitler z.B. keinerlei Hemmungen, 1936 in Nürnberg vor 140.000 Gefolgsleuten auszurufen: „Das ist das Wunder unserer Zeit, dass ihr mich gefunden habt unter so vielen Millionen! Und dass ich euch gefunden habe, das ist Deutschlands Glück!"[154]

Dazu passt es ins Bild, dass Hitler davon träumte, als der größte Deutsche in die Geschichte einzugehen (vgl. S. 40).[155]

Es überrascht auch nicht, dass Hitler am 22. August 1939 vor seiner Generalität verkündete: „In der Zukunft wird es wohl niemals wieder einen Mann geben, der mehr Autorität hat als ich."[156]

Am 23. November 1939 erläuterte Hitler dann, auf derselben Linie fortfahrend, vor einer großen Anzahl der ranghöchsten Offiziere der drei Waffengattungen verschiedene Faktoren, weshalb die Zeit nie wieder so günstig sein werde, Frankreich und England anzugreifen, wie gerade jetzt, um dann abschließend zu erklären: „Als letzten Faktor muss ich in aller Bescheidenheit meine eigene Person nennen: unersetzbar. Weder eine militärische noch eine politische

Persönlichkeit könnte mich ersetzen. Die Attentats-
versuche könnten sich wiederholen.[157] Ich bin überzeugt von der Kraft meines Gehirns und meiner Ent-
schlusskraft.“[158]

Und so ging es weiter: Im November 1941 erklärte
Hitler: „Ich habe überhaupt keine Experten. Bei mir
genügt immer mein Kopf allein.“[159]

Am 30. Januar 1942 sprach Hitler von dem „unbändi-
gen Vertrauen…, auch zu meiner eigenen Person,
dass mich gar nichts, was immer es auch sei, aus
dem Sattel werfen kann, dass mich nichts mehr zu
erschüttern vermag“.[160]
Hitler hatte sicher auch nichts dagegen einzuwen-
den, dass Generalfeldmarschall Keitel ihn nach dem
siegreichen Feldzug gegen Frankreich zum „größten
Feldherrn aller Zeiten“ ausrief, wofür der Volksmund
allerdings dann die Abkürzung „Gröfaz“ verwendete.

Auch als Architekt wollte Hitler sich Denkmale für die
Ewigkeit setzen. Die Architektur war Hitlers große
Leidenschaft.
Berlin, seine Heimatstadt Linz, Nürnberg und Mün-
chen sollten in großem Stil umgestaltet werden.
In Berlin dachte Hitler z.B. an eine fünf Kilometer
lange Prachtstraße, die von diversen repräsentativen
Gebäuden gesäumt würde. Für das nördliche Ende
war ein Kuppelbau mit Raum für 180.000 Menschen
vorgesehen, in dem der Petersdom mehrfach hätte

Platz finden können. Am südlichen Ende sollte ein mehr als hundert Meter hoher Triumphbogen stehen als Denkmal für die Toten des Ersten Weltkriegs. Berlin sei im Vergleich zu Paris und Wien nichts als eine ungeregelte Anhäufung von Bauten. Berlin müsse aber Paris und Wien übertrumpfen.[161]

Kosten sollten keine Rolle spielen. Im Gegenteil: Je teurer desto besser. Wenn man „den Amerikanern" sagen würde, dass die große Halle „statt einer Milliarde eineinhalb" gekostet habe, dann müssten sie das gesehen haben, „den teuersten Bau der Welt".[162]

Auch, wenn diese Träume nicht verwirklicht wurden, so ist es doch bemerkenswert, von was für kindischen Einfällen und Motiven sich der Herrscher über das Deutsche Reich bei seiner Regierungsarbeit leiten ließ und mit welchem Eifer Hitler versuchte, den Amerikanern zu imponieren, getrieben immer von dem Drang, sich stets beweisen zu wollen.

Neben der Versammlungshalle sollte für Hitler ein Palast errichtet werden. Hitler erklärte dazu seinem Baumeister Speer, dem er die Planung der gesamten Anlage übertragen hatte, dass ihm auch ein einfaches, kleines Haus reichen würde. Er habe schon genug Macht und Ansehen. Aber seine Nachkommen hätten eine solche Repräsentation dringend nötig. Es sei kaum zu glauben, welche Macht über seine Mitwelt es einem kleinen Geist verleihe, wenn er in so großen Verhältnissen auftreten könne. Räume mit einer geschichtlichen Vergangenheit würden auch kleine Nachfolger zu geschichtlichem Rang erheben. Deshalb müsse der Palast noch zu Lebzeiten Hitlers gebaut werden, damit Hitler noch darin gelebt habe und sein Geist diesem Bau Tradition verleihe. Wenn Hitler nur ein paar Jahre in dem Gebäude gelebt habe, dann würde das schon reichen.[163]

Nach alledem ist es nur folgerichtig, wenn Hitler am 10. März 1942 in aller Schlichtheit über seine Mutter äußerte: „Sie hat dem deutschen Volk einen großen Sohn geboren."[164] – Hitler, der Messias!

Es fällt auf, mit welch peinlicher Aufdringlichkeit Hitler selbst ständig auf seine eigene Einmaligkeit zu sprechen kam. Sicher war er sich seiner Sache trotz unbestreitbarer Erfolge, die er aufweisen konnte, offensichtlich dennoch nicht.

Der britische Historiker Alan Bullock gelangte zwar zu dem Ergebnis, dass Hitler, wenn auch unsicher in gesellschaftlichen Kreisen, nicht an einem Minderwertigkeitskomplex gelitten habe. Weil er nämlich die meisten seiner Verächter als Schwächlinge und unfähig „zu großen Dingen" verspottet habe.[165] Ob schon der Umstand, dass Hitler über seine Gegner Hohn und Spott ausschüttete, gegen das Vorhandensein von Minderwertigkeitskomplexen spricht, erscheint freilich fraglich.

Allem Anschein war es vielmehr eher so, dass Hitler in seiner Vita eben doch eine Menge an

Schwachpunkten mit sich herumschleppte, die an seinem Selbstbewusstsein ständig nagten und ihn immer wieder veranlassten, in penetranter Weise seine eigene Größe hervorzuheben. Hitler hat den Reifungsprozess, den andere durchlaufen, offensichtlich nicht bis zu Ende absolviert. Da er die Wirklichkeit nur so wahrnahm, wie er sie sehen wollte, blieb er in seiner Entwicklung stehen. An einer realistischen Einschätzung seines Bildungsstandes und seiner tatsächlichen Fähigkeiten war er nicht interessiert. Das hätte ihn ja nur in die unerfreuliche Realität zurückgeworfen, nämlich in das freudlose Dasein eines Einzelgängers, der er im Grunde genommen immer geblieben ist, der keinen Schulabschluss geschafft und keinen Beruf erlernt hat, in die Realität eines Dilettanten. Solche Einsichten galt es mit allen Mitteln abzuwehren, auch wenn die Traumwelten, in die er sich flüchtete, noch so verlogen und brüchig waren.

X. Die Beziehungen zum weiblichen Geschlecht.

Auch die Beziehungen zum weiblichen Geschlecht, wenn man von solchen überhaupt reden kann, gestalteten sich für Adolf Hitler gewiss alles andere als erfreulich.

Zwar schreibt August Kubizek, dass er „voll und ganz bestätigen" könne, dass Hitler „sowohl in körperlicher wie auch in geschlechtlicher Hinsicht absolut normal" gewesen sei.[166] Allerdings wird man diese Äußerung lediglich in dem Sinne verstehen dürfen, dass Kubizek bei Hitler keine sexuellen Abnormitäten aufgefallen seien. Auf irgendwelche sexuelle Aktivitäten lässt die Bemerkung Kubizeks keine Rückschlüsse zu. Im Gegenteil: Kubizek glaubte „mit Gewissheit" sagen zu können, dass Hitler in der gemeinsamen Zeit zusammen mit ihm keine Beziehung zu einem Mädchen unterhalten habe.[167]

Der Historiker Werner Maser meint hingegen, dass viel dafür spreche, dass Hitler schon vor dem ersten Weltkrieg einschlägige sexuelle Erfahrungen gesammelt habe. Dafür spreche seine Beurteilung von Müttern unehelicher Kinder, seine Veranlagung und vielleicht auch seine Geringschätzung der Frauen allgemein.[168] Weshalb freilich eine allgemeine Geringschätzung von Frauen auf konkrete sexuelle Betätigungen Hitlers Rückschlüsse zulassen soll, erscheint nicht recht verständlich – umso weniger, als Hitler sich gerade in der Zeit vor dem Ersten Weltkrieg, nämlich 1904, in Linz Vorträge ausgerechnet im „Verein der von Tisch und Bett Getrennten" angehört haben soll.[169]

Gegen die Annahme, dass Hitler schon vor dem Ersten Weltkrieg intime Begegnungen mit Frauen gehabt habe, spricht weiter der Bericht eines Reinhold Hanisch, den Hitler Anfang 1909 im Meidlinger Obdachlosenasyl kennen gelernt hatte und mit dem er dann im Februar 1909 in das Männerwohnheim in der Meldemannstraße im Wiener Bezirk Brigittenau umgezogen ist. Als dort im Jahre 1910 im Kollegenkreis die Erfahrungen mit Frauen ausgetauscht wurden, erzählte Hitler laut Hanisch lediglich von der rein geistigen und zudem auch noch nur einseitigen Beziehung zu der bereits erwähnten Stefanie aus Linz (vgl. S. 28).[170] Es kann wohl ohne weiteres davon ausgegangen werden, dass Hitler, hätte er damals bereits weitergehende Erfahrungen gesammelt, diese, um nicht als Außenseiter dazustehen, in einer solchen Runde nur allzu gern zum besten gegeben hätte.

Im Dezember 1933 hat Hitler allerdings gegenüber seiner Sekretärin Christa Schroeder behauptet, eine Emilie sei seine erste Geliebte gewesen.[171] Bei dieser Emilie soll es sich um die jüngere Schwester von Rudolf Häusler gehandelt haben, den Hitler im Februar 1913 in Wien im Männerwohnheim Meldemannstraße kennen lernte. Emilie soll überaus schüchtern gewesen und von ihrem tyrannischen Vater streng gehalten worden sein. Ihr Elternhaus soll sie nie unkontrolliert verlassen haben. Als eine Geliebte Hitlers dürfte sie demnach nicht in Betracht kommen.[172]

Auch das Gerücht, dass Hitler während seiner Stationierung an der Westfront im Ersten Weltkrieg ein intimes Verhältnis zu einer französischen Geliebten mit dem Namen Charlotte Loboje[173] bzw. Lobjoie[174] unterhalten habe, aus dem ein Sohn namens Jean-Marie Loret hervorgegangen sein soll, ist nicht bewiesen. Charlotte Loboje bzw. Lobjoie soll ihrem Sohn am 13. September 1951 auf dem Totenbett zwar erklärt haben, dass Adolf Hitler sein Vater sei. Der Vergleich von DNA-Proben, die sich ein belgischer Journalist von lebenden Verwandten Hitlers besorgte, mit genetischem Material Jean-Marie Lorets ergab jedoch, dass Loret mit der Familie Hitlers nicht verwandt ist.[175]

Auch soll Hitler den Vorschlag eines Regimentskameraden, sich mit einer französischen „Mamsell" zu amüsieren, als im höchsten Maße ehrenrührig zurückgewiesen haben. Er tät sich zu Tod schämen, bei einer Französin „a Liab" zu suchen.[176] Diese Äußerung passt viel eher zur sonstigen Haltung Hitlers, die er gegenüber Frauen einnahm, als das Gerücht, er habe mit einer Französin ein Kind in die Welt gesetzt.

Allerdings äußert auch Volker Ullrich die Vermutung, dass Hitler ein ganz normales Liebesleben gehabt habe, zumindest mit Eva Braun.[177] Es spricht jedoch wohl eher mehr, wenn nicht sogar alles, gegen die Annahme, dass Hitler zu anderen Frauen normale sexuelle Beziehungen unterhalten habe, was man darunter im einzelnen auch immer verstehen mag.

Schon Kubizek fiel während der gemeinsamen Zeit in Wien auf, dass Hitler „allem Körperlichen gegenüber von einer geradezu krankhaften Empfindlichkeit war".[178] Er war hoch aufgeschossen und schmächtig und „gar nicht stark". „Mit seiner Gesundheit war es ziemlich schlecht bestellt."[179] Hitler hatte eine Aversion gegen jede sportliche Betätigung und scheute sich davor, sich in der Badehose zu zeigen.[180] Er litt an einem rechtsseitigen Kryptorchismus.[181] Selbstbefriedigung lehnte er ab und für einen Flirt oder für ein nur auf geschlechtliche Befriedigung gerichtetes Verhältnis zu einem Mädchen war er sich „viel zu gut".[182] Dabei fühlte sich Hitler in der mönchischen Askese, die er sich selbst auferlegt hat, offensichtlich nicht wohl. Vielmehr schien er in einer ständigen Anspannung zu leben, die sich von Zeit zu Zeit immer wieder einmal entladen musste. Das zeigen beispielhaft zwei Begebenheiten in Wien:

Hitler und Kubizek gerieten bei der Suche nach einer Wohnung an eine Vermieterin, die offenbar auf ein erotisches Abenteuer mit den zimmersuchenden Herren aus war und ihnen deshalb nur mit einem Schlafmantel und einem „kleinen Höschen" bekleidet gegenübertrat. Ein weniger gehemmter junger Mann, als Hitler es war, hätte zunächst vielleicht einmal abgewartet, wie sich die Angelegenheit weiter entwickeln würde. Man hätte dann noch immer gehen können, wenn die Sache zu heikel geworden wäre. Nicht so Hitler. Er fasste Kubizek am Arm und stürmte mit ihm hinaus, wo er dann wütend hervorstieß: „So eine Potiphar!"[183]

Weshalb aber dieser Zorn? Die Frau hatte ihm

doch gar nichts getan. Offensichtlich hatte Hitler jedoch die aufkommende Spannung nicht ertragen
und er fühlte sich der Situation nicht gewachsen.
Den Ärger über die eigene von ihm als solche emp-
fundene Unzulänglichkeit lastete er dann der Vermieterin an. Oder wie soll man den Wutausbruch sonst
verstehen?

Ähnliches wiederholte sich, als Hitler und Kubizek,
nachdem sie eine Aufführung von Wedekinds „Früh-
lingserwachen" besucht hatten, den Entschluss fass-
ten, sich den „Pfuhl der Laster" in der Spittelbergstra-
ße in Wien anzusehen. Auch hier erboste sich Hitler
über die Verführungskünste der Mädchen.[184] Wohl
deshalb, weil er sich bei der Besichtigung des
„Pfuhls der Laster" seiner Grenzen bewusst wurde
und ihm das unangenehm war.

Dabei wäre Hitler durchaus nicht abgeneigt gewesen, eine Beziehung zu einem Mädchen aufzuneh-
men. In Linz verehrte er die schon mehrmals erwähnte Stefanie. Für sie schwärmte er vier Jahre
lang.[185] Er wagte es jedoch nie, sie anzusprechen. Er
flüchtete sich stattdessen in Tagträumereien und redete sich ein, dass Stefanie keinen anderen Wunsch
kennen würde, als abzuwarten, bis Hitler käme, um
sie zu bitten, dass sie seine Frau werde.[186]

Der Misserfolg mit Stefanie soll bei Hitler eine geradezu mädchen- und frauenfeindliche Einstellung
bewirkt haben.[187] Und dabei blieb es auch bis auf
weiteres. Jedenfalls konnte Hitler auch noch 1910

nur auf die Scheinbeziehung mit der Linzerin Stefanie verweisen (vgl. S. 28 u. S. 67).

Auch dem Leiter der Haftanstalt Landsberg, Oberregierungsrat Leybold, in der Hitler nach seinem misslungenen Putsch seine Festungshaft verbüßte, gewann den Eindruck, dass Hitler „keinen Zug zur Weiblichkeit" habe, wie er in einer Beurteilung vom 15. September 1924 über Hitler festhielt.[188]

Dass der schüchterne Hitler auch als Erwachsener dem Tanzen nichts abgewinnen konnte und es ablehnte, an einem Tanzkurs teilzunehmen, verwundert nach alledem nicht. Er rationalisierte das damit, dass das Tanzen „für einen Staatsmann eine unwürdige Beschäftigung" sei und „außerdem ist dieses Walzertanzen viel zu weibisch für einen Mann".[189]

Es drängt sich die Annahme auf, dass Hitlers sexuelle Hemmungen eine erhebliche Belastung für sein Selbstbewusstsein bedeuteten. Anscheinend hatte er ein Problem, sich als das anerkannt zu fühlen, was er unter einem „richtigen Mann" verstanden haben mag. Kompensiert werden sollte dieser Mangel an Selbstbewusstsein offensichtlich durch ein betont männliches Auftreten, welches sich in einer extremen Aggressivität äußerte, die insbesondere auch in Hitlers Reden überdeutlich zum Ausdruck kam.

In dem martialischen Gehabe Hitlers – bisweilen führte er eine Peitsche aus Nilpferdleder bei sich[190] – ist also nicht unbedingt ein Ausdruck von Stärke zu sehen, sondern eher der Hinweis auf eine im Grunde genommen schwache und unsichere Persönlichkeit.

Dazu passt auch durchaus der Männerkult, der damals betrieben wurde, z.B. die kernige Begrüßung der 1934 in Nürnberg zum Parteitag angetretenen SA- und SS-Verbände: „Heil, meine Männer!"[191] Man biederte sich mit dieser Anrede bei den SA- und SS-Leuten an, um im Gegenzug als einer der ihren, also als Mann, anerkannt zu werden.

Ob Hitler im Laufe der Zeit noch sexuelle Erfahrungen sammeln konnte und welcher Art diese gegebenenfalls waren, ist umstritten. Es wird behauptet, Hitler sei nach dem Ende des Ersten Weltkriegs „hektisch bemüht" gewesen, „vermeintliche Versäumnisse sexueller Art" nachzuholen.[192] Es bestünden keine Zweifel, dass Hitlers Sexualleben normal gewesen sei.[193]

Henry Picker, ein Verwaltungsjurist, der u.a. auch damit befasst war, die von Hitler in seinen Führerhauptquartieren geführten Tischgespräche zu protokollieren, behauptete, Eva Braun sei mit Hitler seit den letzten Tagen des Jahres 1932 intim verbunden gewesen.[194] Ähnlich äußerte sich auch Hitlers Haushaltshilfe in München, Anni Winter. Ihr zufolge soll Eva Braun schon in den ersten Monaten des Jahres 1932 mit Hitler intim geworden sein.[195] Und auch Hitlers Leibarzt Theodor Morell erklärte im Rahmen seiner Verhöre durch US-Kommissionen, dass Hitler mit

Eva Braun ganz offensichtlich intim verkehrt habe.[196]

Eva Braun selbst soll im Frühjahr 1939 gegenüber Speer geäußert haben, Hitler habe zu ihr gesagt, er werde sie „bald freigeben müssen", was solle sie mit einem alten Mann. Diese Äußerung würde dafür sprechen, dass Hitler und Eva Braun wenigstens über einen gewissen Zeitraum sexuelle Beziehungen miteinander unterhalten hätten.[197]

Und in der Zeit allerdings wohl erst ab Ende Februar 1944, als Hitler sich auf den Berghof zurückgezogen habe, soll Morell neben Hitler auch noch Eva Braun behandelt haben. Sie soll nämlich dieselbe Medikation gefordert haben, wie sie auch Hitler verabreicht worden sei, „um auf gleicher Wellenlänge" mit Hitler zu sein.[198] Nur bei den Hormongaben soll Morell einen Unterschied gemacht haben: Hitler sei das Hormon Testosteron verabreicht worden, während Eva Braun mit periodenstillenden Medikamenten versorgt worden sei, damit, so der Schriftsteller Norman Ohler in seinem Buch „Der totale Rausch", „im wahrsten Sinne des Wortes die Chemie zwischen beiden stimmte und es in der knapp bemessenen Zeit zwischen den immer länger werdenden Lagebesprechungen wenigstens zum sexuellen Erfolg kommen konnte". Diesen habe Hitler, so Ohler weiter, anderslautenden Gerüchten zum Trotz, jedenfalls angestrebt.[199]

Dazu passt freilich nicht das Bild, das Hitler sonst abgab: Er hatte ein schwaches Herz und wurde allmählich alt[200] und Hitlers Hand zitterte beim Apfelteetrinken so stark, dass die Tasse auf der Untertasse klapperte.[201]

Gestützt wird die Behauptung, dass Hitlers Sexualleben normal gewesen sei, allerdings auch durch einen Bericht einer gewissen Maria Reiter, genannt Mizi oder auch Mimi, aus dem Jahr 1959 in der Zeitschrift „Stern".[202]
Hitler lernte sie im Frühherbst 1926 kennen. Sie verliebte sich in Hitler und träumte von einer Ehe mit ihm, was für Hitler aber nicht in Frage kam. Sie unternahm daraufhin einen Selbstmordversuch, der jedoch missglückte. Später, im Jahr 1931 will sie dann Hitler in dessen Wohnung in München noch mehrfach besucht haben, wobei sie in einer Nacht „alles mit" sich habe „geschehen" lassen.[203]
Kershaw weist jedoch darauf hin, dass Hitler zu jener Zeit gerade mit Geli Raubal befasst gewesen sei, so dass es kaum glaubhaft sei, dass Mizzi Reiter bei Hitler in dessen Wohnung übernachtet habe.[204]

Albert Speer war sich hingegen sicher, dass Hitler eine Affäre mit Winifred Wagner gehabt habe. Hitler habe bei der Rückkehr aus Bayreuth stets „seltsam erhoben" gewirkt, er sei eben „beseligt" gewesen.[205] Doch alle Wahnfried-Gäste, das Personal und die Kinder sollen in der Lage gewesen sein zu bezeugen, dass Hitler die Nächte keineswegs in Winifreds Schlafzimmer, sondern in trauter Runde vor dem Kamin verbracht habe.[206]

Eva Braun jedoch gab sich offenbar alle Mühe, Hitler aus der Reserve zu locken. Jedenfalls behauptete Hitlers Leibwächter Rochus Misch, er habe das „Fräulein Braun einmal in einem sehr dünnen Nachthemdchen in Hitlers Gästebett" vorgefunden[207].

Gewisse Rückschlüsse auf sexuelle Aktivitäten Hitlers legt auch eine von dem türkisch-amerikanischen Journalisten Nerin E. Gun veröffentlichte Tagebucheintragung Eva Brauns vom 11./16.03.1935 nahe. Es heißt dort wortwörtlich: „Er braucht mich nur zu bestimmten Zwecken es ist nicht anders möglich (Blödsinn). Wenn er sagt, er hat mich lieb, so meint er nur in diesem Augenblick. Genauso wie seine Versprechungen, die er nie hält. Warum quält er mich so und macht nicht gleich ein Ende?"[208]

Es ist allerdings umstritten, ob das von Gun veröffentlichte Tagebuchfragment mit dem betreffenden Eintrag tatsächlich von Eva Braun stammt.

Anton Joachimsthaler hält das Schriftstück aufgrund eines Handschriftenvergleichs für eine Fälschung.[209] Gun hingegen ließ sich die Echtheit des Tagebucheintrags von der älteren Schwester Eva Brauns, Ilse Fucke-Michels, schriftlich bestätigen.[210] Und es gibt auch keinen Grund, daran zu zweifeln, dass Eva Braun die Eintragung, wenn sie tatsächlich von ihr stammen sollte, in dem Sinn verfasst hätte, wie sie den Umgang Hitlers mit ihr wirklich empfunden hat, denn, wem hätte sie etwas vortäuschen sollen, da die Tagebucheintragungen doch wohl nur für sie selbst, zumindest aber nicht für die breite Öffentlichkeit bestimmt gewesen wären?

Ob Hitler freilich das geführt hat, was man sich unter einem „normalen" Sexualleben vorstellen mag, das erschiene selbst aufgrund der Tagebucheintragung Eva Brauns wohl als recht zweifelhaft, auch wenn diese Eintragung also echt wäre.

Abgesehen davon kommt auch in diesem Zusammenhang wieder zum Ausdruck, dass Hitler in Beziehungen zu anderen Menschen rücksichtslos immer nur eigene Interessen verfolgte.

Gegenüber der Frau von Hermann Esser, einem der frühen Gefolgsleute Hitlers, soll Eva Braun erklärt haben, sie sei weiter nichts als eine Gefangene, als Frau habe sie, Eva Braun, von Hitler überhaupt nichts.[211] In ähnlichem Sinn soll Eva Braun sich auch gegenüber ihrer Friseurin geäußert haben.[212]

Das würde wiederum passen zu Aussagen, die die Eltern von Eva Braun, Friedrich und Franziska Braun, vor der Spruchkammer gemacht haben. Danach soll Hitler „ein niemals geklärtes, anscheinend reichlich platonisches Liebesverhältnis" mit Eva Braun unterhalten haben.[213]

Aber auch von anderen Leuten aus Hitlers nächster Umgebung wurden Zweifel geäußert, dass Hitler ein normales Sexualleben geführt habe. Gregor Strasser z.B. konstatierte 1930, Hitler fasse keine Frau an.[214] Und Christa Schroeder meinte, dass Hitler, nachdem er beschlossen habe, Politiker zu werden, der Sexualität entsagt habe. Von da an habe sich „die Befriedigung in seinem Kopf" abgespielt. Alles sei platonisch und selbst die Beziehung zu Eva Braun ein „Scheinverhältnis" gewesen.[215]

Der Verwalter des Berghofs, Herbert Döhring, gestand Jahrzehnte später einem Fernsehteam, man habe damals in den Betten „herumspioniert". Man habe jedoch nichts gefunden, was auf eine sexuelle Beziehung zwischen Hitler und Eva Braun habe schließen lassen, woraus er den Schluss gezogen habe,das Verhältnis sei ein platonisches gewesen.[216]

Für Ernst Hanfstaengl war es sogar „fast zur Gewissheit geworden", dass Hitler „organisch impotent" gewesen sei. Der Auftritt auf der Rednertribüne sei für ihn eine Art Ersatzbefriedigung gewesen.[217]

Wie dem auch immer sei, die Wahrheit wird sich nicht mehr aufklären lassen.

Auffallend ist jedoch, dass, soweit Hitler sich überhaupt mit Frauen abgab, diese Frauen wesentlich jünger waren als er selbst. Es gäbe „doch nichts Schöneres, als ein junges Ding zu erziehen"[218]. In Wirklichkeit wollte er jedoch nicht erziehen sondern Macht ausüben. Macht auch über Frauen, und zwar möglichst über solche, die von ihrem Naturell her verführungs- und einstimmungsbereit waren.[219] Er wollte dominieren und andere Menschen erniedrigen. Und das ließ sich mit unerfahrenen Frauen eher bewerkstelligen als mit solchen, die bereits über eine gewisse Lebenserfahrung verfügten. Junge Frauen konnte er leichter beherrschen als Frauen, die in etwa auf derselben Altersstufe standen wie er selbst. Bei ihnen wäre es um Hitlers Autorität auf dem Gebiet der Sexualität vermutlich rasch geschehen gewesen. Eine solche Blamage galt es unbedingt zu vermeiden. Und deshalb blieb es beim Umgang mit Frauen, die bereits über eine gewisse Reife verfügten, von vorneherein nur bei den üblichen Höflichkeiten.

In Frauen sah Hitler, mehr noch als in Männern, lediglich ein Objekt: „Sehr intelligente Menschen sollen sich", so Hitlers Empfehlung, „eine primitive und dumme Frau nehmen". Und weiter: „Heiraten könnte ich nie. Wenn ich Kinder hätte, welche Probleme! ... Jemand wie ich hat keine Aussicht, einen tüchtigen Sohn zu bekommen. Das ist fast immer die Regel in solchen Fällen. Sehen Sie Goethes Sohn, ein ganz unbrauchbarer Mensch!"[220] Hitler sieht sich also auf einer Stufe mit Goethe und „geistreiche Frauen" wollte er „auf keinen Fall in seiner Nähe haben".[221]

Insgesamt muss davon ausgegangen werden, dass die Beziehungen Hitlers zu Frauen zeitlebens schwierig und gehemmt waren. So soll etwa ein Annäherungsversuch der Bechsteintochter Lotte an Hitler daran gescheitert sein, dass Hitler nicht küssen konnte. Sie reduzierte ihre Bewunderung daraufhin auf den Politiker Hitler.[222] Und auch die hölzern an die damals siebzehnjährige Henriette Hoffmann, die Tochter seines Fotografen und spätere Ehefrau des Reichsjugendführers Baldur von Schirach, gerichtete Frage „Wollen Sie mich küssen?" brachte dem damals schon über vierzig Jahre alten Hitler nur eine Abfuhr ein.[223]

Es soll jedoch „keineswegs eine geringe Anzahl gut aussehender Frauen" gewesen sein, denen Hitler mit den verschiedensten Anreden den Hof gemacht habe.[224] Aber mehr als ein Kopfschütteln und einen „hoffnungslosen Blick gen Himmel" konnte Hitler bei diesen Frauen, wie gesagt, nicht erreichen.

Eine überaus attraktive Frau soll auch die junge Engländerin Unity Valkyrie Mitford gewesen sein. Sie war eine glühende Verehrerin von Hitler. An ihr störte Hitler allerdings, dass sie Engländerin war. Seine Gefühle seien nämlich so national, dass er nur ein deutsches Mädchen lieben könne.[225]

Nicht glücklich ist ferner die bereits erwähnte Beziehung zwischen Hitler und seiner Nichte Geli Raubal verlaufen, um die sich wilde Gerüchte ranken. Geli Raubal soll ihren Onkel gar als „Ungeheuer" bezeichnet haben, kein Mensch könne sich vorstellen, was er ihr zumute.[226] Eine solche Äußerung lässt nun viele Deutungen zu. Allein, auf eine intakte Beziehung lässt sie nicht schließen. Und am 18. September 1931 erschoss sich Angela Raubal.

Ein klammheimliches Vergnügen bereiteten Hitler offenbar Damenboxkämpfe. Hitler, der mit Hanfstaengl im April 1923 eine solche Veranstaltung im Berliner Lunapark besuchte, verfolgte die Darbietungen anscheinend mit „größtem Interesse", was Hanfstaengl nicht entging, obwohl Hitler eifrig bemüht gewesen sein soll, sein diesbezügliches Interesse hinter ein paar „Obenhin-Bemerkungen" zu verbergen.[227]

Die Gesellschaft schöner Frauen kam Hitler jedoch vermutlich nicht ungelegen. Er brauchte nach der Einschätzung seiner Sekretärin Christa Schroeder zwar Erotik aber eben keinen Sex.[228] Führt man sich vor Augen, dass es Hitler aufgrund seines schwachen Selbstbewusstseins immer darum ging, sich zu behaupten, und dass er nichts mehr fürchtete als Niederlagen und Blamagen, dann war es allerdings wohl so, dass Hitler nicht nur keinen „Sex" brauchte, sondern dass er sich vor dem „Sex" vielmehr geradezu fürchtete, also davor, beim Intimverkehr zu versagen. Sein Verhältnis zum weiblichen Geschlecht muss man somit allem Anschein nach wohl als recht gestört betrachten.

Seinen Mangel an „Erfolgserlebnissen" auf diesem Gebiet heroisierte Hitler freilich zu einem selbstlosen Verzicht auf die Ehe zugunsten des Allgemeinwohls: Die einzige Braut, die für ihn in Frage komme, sei die Masse, sei das Volk – sei Deutschland![229] Andererseits wollte Hitler offensichtlich auch nicht ganz auf eine Frau an seiner Seite verzichten. Dafür musste dann Eva Braun herhalten, wobei es – vermutlich auch ihr selbst und wahrscheinlich auch Hitler – bis zum Schluss wohl unklar blieb, welche Rolle sie in Hitlers Leben tatsächlich spielte. An dieser Situation änderte sich, auch wenn Hitler Eva Braun am 29.04.1945 noch heiratete, nichts mehr, und man muss annehmen, dass die Hemmungen, die Hitler im Verhältnis zu Mädchen und Frauen seit seiner Jugend verspürte, in ganz erheblichem Maß zu der Unausgeglichenheit beigetragen haben, die Hitlers gesamte Persönlichkeit prägte. Und so ist es kein Wunder, dass Hitler in seiner Verklemmtheit schon als jungem Menschen jegliche jugendliche Ausgelassenheit fremd war.[230]

Selbstverständlich war Hitler nicht bereit, sich seine Defizite im Umgang mit Frauen als Folge eigener Unzulänglichkeit oder eigener Schwäche einzugestehen. Stattdessen würdigte er die sexuellen Beziehungen zu einem Mädchen, wenn sie nicht ausnahmsweise Ausdruck einer „hehren Liebe"[231] seien, zu einer minderwertigen Betätigung herab.

Die Beziehung zu Eva Braun – wie sie sich auch immer gestaltet haben mag – stand dazu allerdings in einem diametralen Gegensatz. Aber eben diese Ambivalenz war für Hitlers Charakter ja ohnehin typisch.

Man könnte einwenden, dass dem Sexualleben Hitlers hier eine allzu große Bedeutung beigemessen worden sei. Volker Ullrich hat sicher grundsätzlich recht, wenn er davor warnt, „Schlüssellochphantasien der Leser zu reizen".[232] Hier soll es jedoch nicht darum gehen, irgendwelche voyeuristischen Sensationsgelüste zu befriedigen. Es lässt sich andererseits aber auch nicht in Abrede stellen, dass sich die sexuelle Befindlichkeit eines Menschen auch auf seine sonstige Charakterbildung auswirkt und umgekehrt, so dass im ungünstigen Fall ein regelrechter Teufelskreis entstehen kann. Der Fall Adolf Hitler scheint mir dafür ein anschauliches Beispiel zu sein.

Exkurs:
Es wird auch die These vertreten, Hitler sei homosexuell veranlagt gewesen. So behauptet der Historiker und Autor Lothar Machtan unter Berufung auf einen Kriegskameraden Hitlers aus dem Ersten Weltkrieg namens Hans Mend, Hitler habe zu einem anderen Kriegskameraden namens Ernst Schmidt im Jahr 1915 homosexuellen Kontakt gehabt.[233] Mend freilich war eine zweifelhafte Existenz; u.a. hatte er versucht, Hitler unter Hinweis auf bislang verschwiegenes Wissen zu erpressen.[234]

Doch selbst, wenn es sich tatsächlich so verhalten hätte, wie Mend es behauptet hatte, würden homoerotische Anwandlungen dieser Art unter den besonderen Bedingungen einer männergeprägten Soldatenwelt im Ersten Weltkrieg noch nicht allzu viel besagen. Zu ähnlichen Erscheinungen kommt es nicht selten auch unter Gefangenen in Haftanstalten, ohne dass die Beteiligten deswegen homosexuell veranlagt sein müssten. Wäre Hitler tatsächlich homosexuell gewesen, so hätte er während der Zeit, die er in Wien im Männerwohnheim verbrachte, genügend Gelegenheit gehabt, diese Neigung auszuleben. Dafür gibt es jedoch nicht den geringsten Hinweis.[235]

XI. Der Einzelgänger.

Was für andere Lebensgenuss bedeutete, verstand Hitler überhaupt nicht.[236] Woran man aber selbst keine Freude empfindet, das missgönnt man häufig auch den anderen. Im Falle Hitler führte das u.a. dazu, dass Hitler als Alkohol- und Nikotinfeind während seiner Wiener Zeit auf den bizarren Gedanken verfiel, auf Gasthäuser verzichten zu wollen und der Bevölkerung ein alkoholfreies Getränk zu verordnen, damit die Leute nicht ins Gasthaus müssten.[237]

Es ist kein Wunder, dass Hitler sich mit dieser lust- und lebensfeindlichen Einstellung immer weiter ins Abseits manövrierte und eine Rolle einnahm, in der er sich ausgiebig selbst bedauern und bemitleiden konnte, was ihm offensichtlich wiederum sehr gelegen kam.

Hitler hatte kaum Freunde, abgesehen von seinem Jugendfreund Kubizek und vielleicht noch von Dietrich Eckart, geb. am 20. März 1868. Eckart war Journalist und betätigte sich auch als Schriftsteller. Er war ein Förderer Hitlers und avancierte im Jahr 1921

zum Hauptschriftleiter des „Völkischen Beobachters".
Mit Eckart soll Hitler erstmals 1919 oder im Jahr
1920[238] zusammengetroffen sein. Eckart starb jedoch
schon im Jahr 1923. Er wird als Hitlers „väterlicher
Freund" bezeichnet.[239] Nach Auffassung von Rudolf
Heß und Albert Speer hingegen soll es sich jedoch
mehr um eine Verehrung des älteren und vor allem
in antisemitischen Kreisen anerkannten Schriftstel-
lers als um eine Freundschaft gehandelt haben.[240]

Ansonsten hatte Hitler aber wohl kaum jemand, den
man als seinen Freund hätte bezeichnen können, –
Bonzen und NS-Establishment um ihn herum gab es
genug, etwa seinen „Hofstaat" auf dem Obersalzberg, wirkliche Freunde dagegen eher nicht. Hitler selbst spricht in „Mein Kampf" zwar von „dem kleinen Kreis meiner Freunde", denen er versichert
habe, nach dem Krieg neben seinem Beruf „als Redner wirken zu wollen".[241] Was für ein Beruf das sein
sollte, neben dem er „als Redner wirken" wollte, und
wer mit diesen Freunden gemeint ist, geht aus der
Textstelle nicht hervor, offensichtlich jedoch die „en-
geren Kameraden", also die Kriegskameraden aus
dem Ersten Weltkrieg, die zwei Sätze zuvor erwähnt
wurden.
    Speer, der Hitler gewiss gut gekannt hatte, sagte
in Nürnberg: „Wenn Hitler überhaupt Freunde gehabt
hätte, wäre ich bestimmt einer seiner Freunde gewesen." Aber auch Speer überbrückte die Distanz
nicht.[242] Er fragte sich vielmehr, was ihm eigentlich

fehlte, um Hitler als seinen Freund zu bezeichnen. Und er gelangte zu der Antwort: „Es fehlte alles." Nie in seinem Leben habe er einen Menschen kennen gelernt, der so selten seine Gefühle habe sichtbar werden lassen, und wenn er es getan habe, habe er sich augenblicklich wieder verschlossen.[243]

Hitlers Verhalten war geprägt von einem ständigen Misstrauen[244], welches ihn immer weiter in die Isolation trieb.

Auch gegenüber seinen engsten Weggefährten und den obersten Parteiführern der NSDAP blieb er misstrauisch. Kronprinzen ließ er nicht aufkommen.[245]

Seinen Propagandaminister hielt er in politischen Angelegenheiten auf Distanz. Goebbels, servil bis zur Selbstaufgabe, war an den meisten großen innen- und außenpolitischen Entscheidungen kaum beteiligt und wurde von Hitler meistens vor vollendete Tatsachen gestellt.[246] Hitler wusste die Abhängigkeit Goebbels' aber sehr wohl auszunutzen, indem er ihn mit Lob und Tadel immer wieder zu äußersten Leistungen beflügelte.[247]

Auch gegenüber Himmler hatte Hitler Vorbehalte. So spottete er im kleinen Kreis über Himmlers „germanische Brauchtums- und Kräuterweisheiten".[248] Und, als Christa Schroeder einmal, als sie mit Hitler über einen möglichen Nachfolger Hitlers sprach, Himmler erwähnte, da dieser im Volk sehr viel genannt werden würde, zeigte sich Hitler in seiner Eitelkeit tief getroffen und war sehr verärgert.[249] Er gönnte es auch seinen engsten Gefolgsleuten – oder vielleicht auch gerade ihnen – nicht, dass sie bei der Bevölkerung in einem günstigen Licht stünden. Sogleich witterte er eine Konkurrenz.

In dem Oberbefehlshaber der Luftwaffe, Reichsmarschall Hermann Göring, soll Hitler lediglich ein nützliches Werkzeug gesehen haben, nämlich einen „Mann der Tafelfreuden", von dem man verlangen könne, was man wolle, wenn seine Esslust gestillt sei.[250] Die Korpulenz und das Sich-gehen-lassen Görings widerten Hitler an.[251]

Auf dem Berghof war es so, dass Hitler in sich gekehrt entweder endlose Monologe hielt oder aber, wenn ein anderer redete, dass er vor sich hindöste – wie schon in Wien in der Stumpergasse: Er palaverte ohne Punkt und Komma, und, was andere sagten, interessierte ihn nicht.

XII. Der Hypochonder.

Nur auf sich konzentriert und stets mit sich selbst beschäftigt, war Hitler in ständiger Sorge um seine Gesundheit. Er wurde zum ausgeprägten Hypochonder. Hitler hatte eine pathologische Angst vor Ansteckungen und eine ausgesprochene Furcht vor Viren und Bakterien.[252] Er mutierte zum Vegetarier und entwickelte ganz spezielle Essgewohnheiten. Unter diesen hatten insbesondere der Hausintendant der Reichskanzlei, Willy Kannenberg, und dessen Ehefrau zu leiden, die für den Speiseplan Hitlers in der Reichskanzlei zuständig war. Kannenberg erzählte, der Führer esse nicht einen Bissen, wenn ihn nicht seine Frau zubereitet und gekocht hätte. Und sogar dann müsse einer von beiden vor Hitlers Augen vorkosten.[253]

Hitlers Hypochondrie wirkte sich jedoch nicht nur lästig auf seine unmittelbare Umgebung aus. In mittelbarer Weise beeinflusste sie vielmehr durchaus auch seine Politik. Je mehr Hitler auf die Fünfzig zuging, desto stärker wurde er nämlich von der Ahnung heimgesucht, möglicherweise nicht mehr allzu lange zu leben. Hitler befürchtete, dass deshalb die Zeit für die Erringung seines Lebenszieles, nämlich die Eroberung von „Lebensraum im Osten" (vgl. S. 32), knapp werden könnte. Spätere Generationen würden das nicht mehr schaffen. Nur seine Person sei dazu noch in der Lage.[254] Vor führenden Propagandafunktionären der Partei erwähnte Hitler im Oktober 1937, dass er „nach menschlichem Ermessen nicht mehr sehr lange zu leben" haben werde.[255] Und bei der Besprechung am 5. November 1937 (vgl. S. 32) begründete er die Notwendigkeit einer raschen Umsetzung seiner Kriegspläne u.a. damit, dass ihm aus gesundheitlichen Gründen nur noch wenig Zeit zur Verwirklichung derselben bleiben würde. Offensichtlich traute Hitler seinen Parteiführern nicht allzu viel zu und er glaubte wohl, dass seine Nachfolger die Auseinandersetzung mit Russland nicht mehr ernsthaft betreiben würden. Das bedeutete, dass er den großen Lebensraum-Krieg unbedingt noch zu seinen Lebzeiten selbst führen musste.[256] Ab 1937/1938 legte er es somit verstärkt auf eine kriegerische Auseinandersetzung an, und die Welt trieb immer rascher auf den nächsten Weltkrieg zu.

XIII. Keine Empathie.

Ein Charakterzug Hitlers, der sich besonders übel auswirkte, war der völlige Mangel an Empathie. Empathie, hier verstanden im Sinne von Mitgefühl, der Fähigkeit, sich in die Gemütslage anderer Menschen hineinzuversetzen, mit ihnen zu empfinden und gegebenenfalls auch mit ihnen mitzuleiden.

Sieht man einmal von Hitlers Mutter und vielleicht noch von Albert Speer ab, mit dem ihn ein gemeinschaftliches Interesse für Architektur verband, dann brachte Hitler für andere Menschen so gut wie kein Mitgefühl auf.

Hitler konnte zwar durchaus freundlich und charmant sein, z.B zu seinen Sekretärinnen.[257] Solche Gefühlsregungen blieben jedoch an der Oberfläche. Sie reichten nur so weit, als sie nicht zu Hitlers eigenen Interessen im Widerspruch standen, und diesen Interessen mussten sich alle und selbstverständlich auch die Sekretärinnen vollständig unterordnen. Auch über sie verfügte Hitler uneingeschränkt.[258]

Dasselbe galt auch für den Jugendfreund Kubizek.

Dieser schreibt zwar, Hitler habe sich in geradezu rührender Weise Kubizeks Schicksals angenommen. Er, Kubizek, habe Hitler gar nicht zu sagen brauchen, wie es um ihn, Kubizek, gestanden habe. Hitler habe alles, was Kubizek betraf, empfunden, als sei es Hitler selbst geschehen.[259] Das mag schon so gewesen sein. Aber es wurde bereits auch dargestellt, wie sehr Hitler Kubizek für sich vereinnahmt hatte. Hitler hat Kubizek eben nicht behandelt wie einen gleichberechtigten Partner, sondern er hat ihn benutzt wie ein Spielzeug, um das man sich nur solange kümmert, wie man es braucht. Wie wenig weit es nämlich tatsächlich her war mit dem Einfühlungsvermögen Hitlers, das zeigte sich anlässlich einer scheinbar eher belanglosen Begebenheit, die aber dennoch für Hitlers Umgang mit anderen Menschen besonders typisch sein dürfte und deshalb hier Erwähnung findet:

Nach dem Abschluss des Sommersemesters 1908 am Konservatorium kehrte Kubizek im Juli aus Wien zunächst zu seinen Eltern nach Linz zurück. Im September beabsichtigte er dann, eine achtwöchige Ausbildung beim Militär zu absolvieren. Spätestens in der zweiten Novemberhälfte wollte er wieder in Wien sein. So war es mit Hitler und auch mit der Vermieterin der Wohnung, Frau Zakreys, abgesprochen.[260] Um den 20. November 1908 kündigte Kubizek dann seine Rückkehr nach Wien an. Er hatte Hitler geschrieben, dass er den Frühzug nehmen werde, und er dachte, Hitler würde ihn an der Bahnhofssperre abholen. Aber, wer nicht kam, war Hitler. Schließlich begab Kubizek sich allein zu der Wohnung in der Stumpergasse. Dort wurde er von der Vermieterin zwar freudig begrüßt. Er erfuhr aber auch, dass das Zimmer bereits anderweitig vermietet worden sei, nachdem Hitler nämlich am 18. November[261] ausgezogen war, und zwar ohne irgendeine Nachricht oder einen Gruß zu hinterlassen. Kubizek war völlig vor den Kopf gestoßen und musste sich ein anderes Zimmer suchen. Er ging davon aus, dass Hitler ihn eines Tages wieder aufsuchen würde. Um ihm das zu erleichtern, hinterließ Kubizek bei Frau Zakreys seine neue Adresse. Aber Hitler kam nicht mehr. Kubizek suchte nach Gründen für Hitlers Fernbleiben. Vergeblich, er konnte keine finden.[262]

Die Gründe für Hitlers Auszug liegen im Dunkeln.[263] Kubizek glaubte, dass einer der Gründe für die Beendigung der Freundschaft die Tatsache gewesen sei, dass er, Kubizek, nicht das politische Interesse Hitlers geteilt habe.[264] Vierzig Jahre später erfuhr Kubizek dann von dem Linzer Archivar Franz Jetzinger, dass Hitler aus der Wohnung ausgezogen sei, weil ihm die Miete zu hoch gewesen sein soll[265], und auch Kubizek glaubte jetzt, dass das der wahre Grund für den Auszug aus dem gemeinsamen Zimmer gewesen sei und dass Hitler sich seiner Not geschämt habe.

Dagegen spricht allerdings, dass Kubizek, bevor er Anfang Juli für die Dauer der Semesterferien zurück nach Linz fuhr, Frau Zakreys in Anwesenheit Hitlers zusicherte, dass er und Hitler das Zimmer auch weiterhin behalten würden. Außerdem erzählte Kubizek Hitler, dass er im nächsten Studienjahr beabsichtige, bei einem Wiener Symphonieorchester als Bratschist unterzukommen. Damit würde sich dann Kubizeks Lage soweit bessern, dass er auch Hitler ausreichend helfen könne. Hitler nahm das mürrisch zur Kenntnis. Über seine künftigen Pläne sprach er aber kein Wort. Er versprach jedoch, Kubizek „fleißig zu schreiben".[266] Auch zahlten Kubizek bzw. seine Eltern die Miete während der Abwesenheit Kubizeks zumindest hälftig weiter, damit die Wohnung erhalten bliebe[267], und Hitler schrieb in einem Brief mit Datum vom 17. August 1908 gut gelaunt an Kubizek, er, Hitler, sollte sich im Auftrag der Vermieterin bei Kubizek und seinen „werten Eltern" „für das Geld schön bedanken".[268]

Der wirkliche Grund für das Verschwinden Hitlers dürfte wohl eher darin zu sehen sein, dass Hitler sich während Kubizeks Abwesenheit zum zweiten Mal um eine Aufnahme an die Wiener Kunstakademie bemüht hatte, und zwar, wie schon beim ersten Mal im Oktober 1907, wiederum ohne Erfolg.[269] Wäre Hitler in die Akademie aufgenommen worden, wäre er sicher auch weiterhin bei Kubizek geblieben. Hitler muss die Ablehnung jedoch umso mehr getroffen haben, als er kurz zuvor noch den erfolgreichen Semesterabschluss Kubizeks mitbekommen hatte. Kubizek schreibt dazu, dass Hitler gewiss noch niemals die Ziellosigkeit seines Wiener Aufenthalts so bitter empfunden habe wie damals, als er sah, wie Kubizek sich „inmitten rauschenden Triumphes" bereits auf dem sicheren Weg zu dem von ihm erstrebten Ziel befand.[270]

Soweit ersichtlich hat Hitler auch nichts davon erzählt, dass er im September 1908 einen zweiten Versuch unternehmen wollte, um an die Akademie aufgenommen zu werden. In den Karten und Briefen, die Hitler in der Zeit ab Juli 1908 an Kubizek geschrieben hat[271], ist jedenfalls davon nirgendwo die Rede. Und auch Kubizek hat in seinem Buch über seine Zeit mit Hitler von dieser Prüfung nichts erwähnt, was er ganz gewiss getan hätte, wenn er von dieser Prüfung etwas gewusst hätte. Um also Kubizek gegebenenfalls nicht erzählen zu müssen, dass er die Aufnahmeprüfung ein weiteres Mal nicht geschafft habe, hatte Hitler es vermutlich vorsorglich verschwiegen, dass er die Prüfung noch einmal versuchen wolle. Und, nachdem er zur Prüfung dann tatsächlich gar nicht erst zugelassen wurde, ist Hitler heimlich verschwunden, augenscheinlich um die für ihn so peinliche Begegnung mit Kubizek zu vermeiden und um der Schmach zu entgehen, Kubizek von dem Misserfolg berichten zu müssen – ausgerechnet Kubizek, der von Hitler stets mit Herablassung behandelt wurde, der aber im Gegensatz zu Hitler alles erreicht hatte, was er sich vorgenommen hatte.

Kubizek fühlte sich allein und verlassen, und je mehr er sich seinen Kopf über das Verschwinden Hitlers zermarterte, desto mehr empfand er, was Hitler für ihn bedeutete.[272] Aber genau das interessierte Hitler offensichtlich überhaupt nicht. Die Sorgen und Nöte von Kubizek, mit dem er immerhin vier Jahre lang zusammen gewesen ist, waren ihm völlig gleichgültig in dem Augenblick, als es ihm darum ging, seine eigenen Interessen zu verfolgen. Und die bestanden in diesem Fall offensichtlich darin, dem Freund nicht eingestehen zu müssen, dass er zur Prüfung nicht zugelassen wurde. All die Gemeinsamkeiten mit Kubizek während der zurückliegenden vier Jahre bedeuteten Hitler mit einem Schlag überhaupt nichts mehr. Er beendete die Freundschaft sang- und klanglos. Er entzog sich einem Zusammentreffen mit dem Freund, indem er untertauchte und den anderen völlig gleichgültig seinem Schicksal überließ.

Dieses absolute Fehlen jeglicher Anteilnahme am Schicksal eines anderen, das hier an einem für den Verlauf der Geschichte gewiss nebensächlichen Ereignis deutlich wurde, war für Hitlers Umgang mit anderen Menschen symptomatisch. Es war charakteristisch für seine gesamte Politik und später insbesondere in verhängnisvoller Weise auch für seine Kriegführung. So hatte Hitler auch dann noch nicht die geringsten Skrupel, eine Unzahl von Soldaten auch in völlig aussichtlose Gefechte zu schicken, als es auch ihm schon längst dämmerte, dass der Krieg bereits verloren sei. Die Leiden seiner Soldaten und ihre Aufopferungen, all das interessierte ihn nicht im min-

desten. Auf diese Weise kostete die sinnlose Arden-
nenoffensive ab Mitte Dezember 1944 noch über
17.000 deutschen (und 20.000 amerikanischen) Soldaten das Leben, obwohl der Krieg zu diesem Zeitpunkt schon lange nicht mehr zu gewinnen war. Hitler, der sich jedoch beharrlich weigerte, die Realität
zur Kenntnis zu nehmen, unternahm ohne jegliche
Rücksicht auf Verluste alles, nur um den sich ab-
zeichnenden Untergang noch hinauszuzögern und
um für sich noch etwas Zeit zu gewinnen. Bei auch
nur halbwegs nüchterner Beurteilung der Lage, hätte
Hitler die Sinnlosigkeit des Unternehmens erkennen
müssen und er hätte das Leben noch vieler Soldaten
schonen können. Er weigerte sich jedoch starrsinnig,
sich mit den Gegebenheiten abzufinden.

Und als alles nichts mehr nützte, blieben auch die
Jugendlichen und die Alten nicht mehr verschont.
Der „Volkssturm", gebildet aus allen „waffenfähigen
Männern im Alter von 16 bis 60 Jahren", wurde als
letztes Aufgebot noch erbarmungslos ins Gefecht ge-
worfen und sollte das Unvermeidbare abwenden.

Hitler wollte die Wirklichkeit einfach nicht zur Kenntnis nehmen. Sie wurde weggeschoben. Das Schicksal seiner Soldaten, gleich ob jung oder alt, spielte
für ihn auch nicht die geringste Rolle, war ihm absolut gleichgültig.

Typisch ist freilich, dass Hitler, so gleichgültig ihm
das Schicksal seiner Soldaten auch war, er umgekehrt ohne weiteres unterstellte, dass sein eigenes

Schicksal seinen Soldaten alles andere als gleichgültig sei. Als die heranrückende Front Ende 1944 für einen Aufenthalt im Führerhauptquartier Wolfsschanze in Ostpreußen immer bedrohlicher wurde, erklärte Hitler nämlich, dass seine Soldaten es niemals zulassen würden, dass die Front bis an das Hauptquartier ihres Führers zurückgenommen werden müsse. Solange die Soldaten wüssten, dass Hitler in der Wolfsschanze ausharre, würden sie mit umso größerem Elan kämpfen und die Front zum Stehen bringen.[273]

Die totale Empfindungslosigkeit gegenüber dem Schicksal der zigtausend Soldaten, die Hitler ohne die geringsten Skrupel in den Tod schickte, die völlige Gleichgültigkeit gegenüber dem unendlichen Leid, das er mit seiner rücksichtslosen Politik über unzählige Familien brachte, auf der einen Seite und dann aber andererseits der Gedanke, dass all diesen geschundenen und missachteten Menschen nichts wichtiger sei, als sich für „ihren Führer" aufzuopfern..! Diese totale Ichbezogenheit sprengt jegliche Vorstellungskraft.

Halder urteilte in der Rückschau über Hitler so: „Für ihn gab es später, als er an der Macht stand, kein Deutschland, und wenn er es auch noch so oft im Munde führte; für ihn gab es keine deutsche Truppe, für deren Wohl und Wehe er sich verantwortlich fühlte; für ihn gab es – zu Beginn unbewusst, und in den letzten Jahren auch völlig bewusst – nur eine Größe, die sein Leben beherrschte und der seine dämonische Kraft alles geopfert hat: sein eigenes Ich."[274]

Wie sich am Fall Hermann Fegelein zeigte, dauerte die Eiseskälte in Hitlers Gemüt noch fort buchstäblich bis zu seinen allerletzten Stunden.

Hermann Fegelein war ein General der Waffen-SS. Er war an zahlreichen Kriegsverbrechen beteiligt. Sein Verhalten wird als überheblich und ungezogen bezeichnet.[275] Am 3. Juni 1944 hatte er Eva Brauns jüngere Schwester Gretl geheiratet. Angeblich soll er sie vor allem deshalb geheiratet haben, um auf diese Weise in den innersten Kreis um Hitler vorzudringen, was ihm auch gelang. Er wurde ständiger Vertreter Himmlers im Führerhauptquartier. Als die Lage gegen Ende April 1945 immer bedrohlicher wurde, setzte Fegelein sich allerdings aus dem Führerbunker ab. Am 27. April wurde er jedoch in seiner Wohnung in Berlin-Charlottenburg aufgegriffen und in den Führerbunker zurückverbracht, wo er degradiert und in einer provisorischen Zelle inhaftiert wurde. Eva Braun mißbilligte zwar Fegeleins Verhalten. Sie setzte sich aber gleichwohl für ihren Schwager ein. Er sei noch jung und seine Frau erwarte ein Kind.[276] Als dann jedoch am 28. April, während Fegelein gerade verhört wurde, die Nachricht hereinplatzte, dass Himmler den westlichen Alliierten die bedingungslose Kapitulation angeboten habe, geriet Hitler außer sich vor Wut. Er fühlte sich verraten. Die Flucht Fegeleins aus dem Führerbunker sah er in einem Zusammenhang mit dem „Verrat" Himmlers, und süchtig nach Rache ließ er Fegelein noch in der Nacht vom 28. auf den 29. April erschießen[277] – in derselben Nacht also, in der Hitler auch den Bund der Ehe mit Eva Braun schloss. Es verhielt sich demnach tatsächlich so, dass Hitler praktisch gleichzeitig mit der Schließung seiner Ehe den Schwager der Frau erschießen ließ, die er soeben im Begriff war zu heiraten!

XIV. Hitler und die Juden.

Die Frage, wann Hitler zum Antisemiten wurde, wird nicht einheitlich beantwortet.

Der Historiker Peter Longerich hält es für wahrscheinlich, dass Hitler während seines Aufenthalts in Wien judenfeindlichen Einflüssen unterlegen sei, und es sei auch durchaus vorstellbar, dass er in der zweiten Hälfte des Ersten Weltkriegs von dem in Deutschland stark anwachsenden Antisemitismus beeinflusst worden sei. Solche denkbaren Prädispositionen hätten sich jedoch erst in seiner Münchner Zeit ab 1918 unter dem Eindruck von Niederlage, Revolution und Räteherrschaft nachweisbar zu einer handlungsleitenden antisemitischen Ideologie verdichtet.[278]

Nach Ansicht des Historikers Ralf Georg Reuth erfolgte die Wendung Hitlers zum Antisemitismus und zum Antibolschewismus gleichzeitig, und zwar 1919 im revolutionären München.[279] Zuvor habe Hitler vor allem in seiner Wiener Zeit zu verschiedenen Juden noch geschäftliche Kontakte gehabt und sich auch sonst mit ihnen gut vertragen.

Richtig ist, dass Hitler im Männerheim Wien-Brigittenau, wo er von Februar 1910 bis Mai 1913 lebte, mit jüdischen Heimbewohnern verkehrte. Hier hatte er jüdische Bekannte, nämlich den Kupferputzer Josef Neumann und Siegfried Löffler sowie den Schlosser Simon Robinson aus Galizien und Rudolf Redlich aus Mähren.[280] Neumann und Löffler verkauften für Hitler auch Bilder, die er gemalt hatte, um damit seinen Lebensunterhalt zu bestreiten. Unter den Abnehmern waren ebenfalls Juden, nämlich der Bilderrahmenhändler Jakob Altenberg und der Glasermeister Samuel Morgenstern.[281]

Solche Bekanntschaften mit Juden schließen aber eine zumindest latent vorhandene antisemitische Grundeinstellung Hitlers auch schon vor dem Ersten Weltkrieg nicht aus. Sein Benehmen gegenüber Juden war vielmehr widersprüchlich und inkonsequent.

So weigerte Hitler sich z.B. aus heiterem Himmel heraus, einem beim „Wiener Tagblatt" beschäftigten Journalisten, mit dem er zuvor noch nie gesprochen hatte und der Hitler aufgrund einer Vermittlung durch Kubizek weiterhelfen wollte, eine von ihm, Hitler, verfasste Novelle zur Veröffentlichung auszuhändigen, und zwar allein deshalb, weil der betreffende Journalist ein Jude war.[282] Ein solches Verhalten lässt sich nur vor dem Hintergrund einer bereits vorhandenen antisemitischen Voreingenommenheit verstehen, auch wenn Hitler mit anderen Juden anscheinend keine Probleme hatte.

Wie sehr für Hitler die Zugehörigkeit einer bestimmten Person zum Judentum von Bedeutung war oder auch nicht, hing situationsbedingt von den Einzelumständen ab und gewiss auch von der jeweiligen Stimmung, in der Hitler sich gerade befand. Rückschlüsse auf Hitlers allgemeine Einstellung zum Judentum können daraus allenfalls unter Vorbehalt und eingeschränkt gezogen werden. Dabei richtete sich Hitlers Abneigung gegen Juden wohl weniger gegen einzelne bestimmte Personen als vielmehr gegen ein unklares Klischeebild von „dem Juden", das Hitler sich aus Vorurteilen und Launen so zusammengesetzt hat, wie es ihm gerade mal in den Kram passte.

So hatte Hitler z.B. zu dem jüdischen Linzer Armenarzt Dr. Eduard Bloch, der seine Mutter bis zu ihrem Tod medizinisch betreute, ein gutes Verhältnis.

Bemerkenswert ist es auch, dass Hitler in Wien dem damaligen Dirigenten der Hofoper, Gustav Mahler, die größte Bewunderung entgegenbrachte, obwohl Mahler Jude war.[283] Und am 26. Februar 1919 marschierte Hitler sogar noch im Trauerzug des ermordeten bayerischen Ministerpräsidenten Kurt Eisner mit.[284] Eisner war ein jüdischer Sozialist.

In München wohnte Hitler fast zehn Jahre lang im Gebäude Thierschstraße 41. Dass der Hauseigentümer ein Jude war, interessierte ihn offenbar nicht weiter. Vielmehr wechselte er mit ihm „üblicherweise...recht freundlich einige unverbindliche Worte".[285]

Andererseits konnte Hitler sich sehr über einen jüdischen Bettler erregen, den sog. Kaftanjuden[286], der von der Wiener Polizei festgenommen wurde und bei dem man dann dreitausend Kronen gefunden haben soll.[287] In „der Erscheinung in langem Kaftan mit schwarzen Locken", angesichts derer Hitler sich die grundsätzliche Frage gestellt haben will „Ist dies auch ein Deutscher?"[288], in dieser „Erscheinung" also sah Hitler laut Kubizek den schlagenden Beweis für die Ausbeutung Wiens durch die aus dem Osten eingewanderten Juden[289] und offenbar auch eine Bestätigung all seiner Vorurteile gegenüber dem Judentum überhaupt, die Hitler ganz offensichtlich bereits damals, also schon vor dem Ersten Weltkrieg, mit sich herumschleppte.

Zwar will Hitler zu Hause von seinem „weltbürgerlichen" Vater[290] und in der Schule das Wort „Jude" nicht gehört haben. Er habe lediglich auf der Realschule einen jüdischen Mitschüler gehabt, dem man – „durch verschiedene Erfahrung gewitzigt" – nicht vertraut habe. Ansonsten will Hitler erst in seinem vierzehnten bis fünfzehnten Lebensjahr auf das Wort „Jude" gestoßen sein, zum Teil im Zusammenhang mit politischen Gesprächen. Dabei habe er eine „leichte Abneigung" empfunden, wenn „konfessionelle Stänkereien" vor ihm ausgetragen worden seien.[291] Aber die Tatsache, dass man dem jüdischen

Mitschüler – „durch verschiedene Erfahrung gewitzigt" – nicht vertraute, macht deutlich, dass man offensichtlich doch bereits Vorbehalte gegenüber Juden hatte.

Und auch Hitlers Freund Kubizek hat insoweit eine andere Sichtweise von den Dingen als Hitler: Sicherlich habe schon der Vater Hitlers das Judentum entschieden abgelehnt. An der Realschule habe es ausgesprochen antisemitische Lehrer gegeben. Als Kubizek Hitler kennen gelernt habe, sei dieser bereits ausgesprochen antisemitisch eingestellt gewesen. Er sei schon als ausgeprägter Antisemit nach Wien gekommen. Er habe es nicht erst zu werden brauchen, wenngleich die Erlebnisse in Wien ihn über diese Fragen noch radikaler hätten denken lassen als bisher.[292] Laut Kubizek hat Hitler sich und Kubizek sogar in einem Antisemitenbund angemeldet.[293]

Bemerkenswert ist jedoch, dass Hitler seinen Vater, von dem er das Wort „Jude" nie gehört haben will, in diesem Punkt als „weltbürgerlich" charakterisiert, also mit einem eher positiv besetzten Begriff, als seinen „alten Herrn" nämlich, von dem er glaubte, dass der schon in der besonderen Betonung der Bezeichnung „Jude" eine „kulturelle Rückständigkeit" erblickt haben würde.[294] Kubizek ist der Überzeugung, Hitler habe das Bild seines Vaters „zugunsten einer liberalen Auffassung korrigiert". Der Bürgertisch in Leonding, an dem Hitlers Vater verkehrt habe, hätte sich jedoch den Ideen Schönerers verschworen. Damit habe sicherlich auch Hitlers Vater das Judentum entschieden abgelehnt.[295] Georg von Schönerer war Antisemit und Anführer der großdeutsch gesinnten österreichischen Alldeutschen Vereinigung.

Spürte Hitler also doch, dass Antisemitismus Leuten in sog. besseren Kreisen vielleicht doch nicht so gut anstand, und wollte Hitler den Vater, mit dem er sich, auch wenn dieser ihn drangsaliert hatte, gleichwohl identifizierte, in einem günstigeren Licht erscheinen lassen, indem er ihn als nicht-antisemitisch und damit auch als „weltbürgerlich" hinstellte?

Aber, auch wenn Hitler offenbar versuchte, seinen Vater vom Verdacht eines Antisemiten freizusprechen, so war Hitler selbst ein Antisemit gewiss auch schon vor dem Ersten Weltkrieg. Es kann kein Zweifel darüber bestehen, dass sich der junge Hitler in Wien mit dem Antisemitismus beschäftigte[296], ohne dass sein Antisemitismus allerdings damals schon spezifisch rassistisch ausgerichtet gewesen wäre.

Zu dem extrem fanatischen Antisemiten, wie ihn dann die ganze Welt kennen lernen sollte, entwickelte Hitler sich dagegen erst nach dem Ersten Weltkrieg, nachdem er beschlossen hatte, Politiker zu werden. Vor allem in der Umbruchszeit 1918/19 wurde der Antisemitismus für Hitler zum Kern- und Angelpunkt[297,] und erst der Politiker Hitler stilisierte dann die Juden zu Schmarotzern, die durch intellektuellen Einfluss, Demokratie, Sozialdemokratie, Presse, Kapital, Parlamentarismus, moderne Kunst, Pornographie, Pazifismus und durch vieles andere mehr den Ariern die Kraft rauben würden.[298] Hitler spürte instinktiv, dass eine Polarisierung auf der politischen Bühne sehr wohl von Nutzen sein könnte. Der Aufbau eines Feindbildes erschien zweckdienlich, der Aufbau eines Gegners nämlich, gegen den sich die Massen solidarisieren und mobilisieren ließen. Der überall in Europa bereits zumindest unterschwellig vorhandene Antisemitismus machte die Juden zum hierfür geeigneten Objekt. In Deutschland erhielt der Antisemitismus in der Zeit nach dem Gründerkrach im Jahr 1873 neuen Auftrieb und die Juden sahen sich in eine Außenseiterposition gedrängt. Sie wurden damit zunehmend zur Projektionsfläche für aggressive Tendenzen, und es ist kein Wunder, dass ein Mensch wie Adolf Hitler den Antisemitismus zu seiner und zur Ideologie seiner Partei erhob und dass er aus dem Antisemitismus eine Weltanschauung machte.

Hitler konnte sich dabei an dem Wiener Bürgermeister Karl Lueger orientieren, einem Politiker damals neuen Typs, der um die Jahrhundertwende in der Manier eines Volkstribuns den vorhandenen Antisemitismus mit großem Erfolg ganz bewusst ausnutzte, um die Instinkte breiter Bevölkerungsschichten anzusprechen und Wähler zu gewinnen. Von Lueger war Hitler stark beeindruckt.

Der hitlersche Antisemitismus sollte dann jedoch

geradezu wahnhafte Züge annehmen. „Der Jude", wie Hitler ihn in „Mein Kampf" oder in seinen Redemonologen darstellte, weist keinerlei Ähnlichkeit mehr mit einem realen Menschen aus Fleisch und Blut auf. Er ist eine Erfindung der besessenen Phantasie Hitlers und Ausdruck des Bedürfnisses, sich ein Objekt zu schaffen, auf das er seine ganze Aggressivität und seinen Hass konzentrieren konnte.[299] Und das tat Hitler geradezu mit Wollust.

Man könnte hier noch drei Zielrichtungen des hitlerschen Judenhasses unterscheiden:
Zum einen richtete sich dieser gegen „den Juden" als solchen, der nicht als politischer Gegner, sondern allein aus rassischen Gründen in ganz Europa verfolgt und in die Vernichtungslager getrieben wurde.
Dabei konnten für die Abgrenzung, wer als Jude zu gelten hatte oder auch nicht, außer der rein biologischen Abstammung einer Person im Einzelfall allerdings auch noch Kriterien der Religionszugehörigkeit oder auch der Umstand von Belang sein, ob jemand mit einem Juden verheiratet war, (siehe hierzu § 2 Abs. 2 und § 5 Abs. 1 und 2 a und b der Ersten Verordnung zum Reichsbürgergesetz, RGBl. I 1935, S. 1333[300]). Die nationalsozialistischen Parteigrößen sollen es sich da freilich einfacher gemacht haben. So soll Göring erklärt haben: „Wer Jude ist, bestimme ich."[301]

Das Feindbild eines „Weltjudentums" nutzte Hitler

dagegen, um Ängste zu mobilisieren und das deutsche Volk gegen die Gefahren zu solidarisieren, die angeblich von einem „Weltjudentum" ausgingen. Dieses soll nämlich, wie z.b. auch den ominösen „Protokollen der Weisen von Zion"[302] zu entnehmen ist, die Absicht gehabt haben, die anderen Völker zu unterwandern, um die Weltherrschaft zu erlangen.[303]

Ein ähnliches Schlagwort war das des „internationalen Finanzjudentums". In seiner Rede am 30. Januar 1939 (vgl. S. 32) stellte Hitler das „internationale Finanzjudentum" als Kriegstreiber hin und wies ihm die Schuld zu schon für einen kommenden Krieg, den er freilich selbst ungeduldig herbeisehnte und den er seiner Generalität bereits im November 1937 angekündigt hatte (vgl. S. 32 u. S. 87).

Die Bekämpfung des „jüdischen Bolschewismus" schließlich diente als Rechtfertigung für den Eroberungs- und Vernichtungskrieg – Hitler sprach auch von einem Krieg zweier Weltanschauungen –, den er im Osten zu führen beabsichtigte. Damit wurde das deutsche Volk gewissermaßen schon im voraus auf den kommenden Kriegsschauplatz Russland eingestimmt.

Mit der Verbindung von Judentum und Bolschewismus trieb Hitler eine Tradition auf die Spitze, die in Deutschland schon zu Zeiten Bismarcks ihren Anfang genommen hatte, nämlich die Verbindung von Antisozialismus und Antisemitismus.[304]

Letztendlich wurde der Begriff „Jude" jedoch wahllos mit allen nur erdenklich üblen Eigenschaften assoziiert wie z.B. habgierig, hinterhältig, minderwertig usw. Kurzum: Die Juden waren an allem schuld, z.B. an der Niederlage von 1918[305], und sie mussten überhaupt für alles herhalten, was in irgendeiner Weise negativ besetzt war. Offenbar bedeutete es für Hitler einen Lustgewinn, sich immerzu in neue und noch üblere Beschimpfungen hineinzusteigern und andere Menschen zu erniedrigen, und man kann in diesen extrem gehässigen und aggressiven Entgleisungen wohl durchaus einen Hinweis sehen auch auf sadistische Tendenzen in Hitlers Persönlichkeitsstruktur.

Allerdings kann wohl nicht davon ausgegangen werden, Hitler habe schon von Anbeginn an, also schon gleich nach dem Ende des Ersten Weltkriegs, die Absicht verfolgt, die jüdische Bevölkerung physisch auszurotten. Der Holocaust beruhte nicht auf einem bereits lange im voraus gefassten Plan. Darüber herrscht heute Einigkeit.[306] Dass Hitler schon seit Beginn der Zwanziger Jahre oder seit 1933 eine „Endlösung" der „Judenfrage" durch Ermordung der jüdischen Bevölkerung angestrebt hätte, lässt sich nicht belegen. Sein Fernziel blieb allerdings die „Entfernung" der Juden.[307] So beantwortete er am 16. September 1919 eine Anfrage, die ein gewisser Adolf Gemlich aus Ulm an Hitlers damaligen militärischen Vorgesetzten, Hauptmann Karl Mayr, gerichtet hatte, dahingehend, dass das „letzte Ziel unverrückbar die Entfernung der Juden überhaupt" sein müsse[308], was auch immer Hitler sich darunter im einzelnen vorgestellt haben mag.

Am 6. April 1920 erklärte Hitler dann auf einer NSDAP-Versammlung unter lebhaftem Beifall: „Wir wollen keine Gefühlsantisemiten sein, die Pogromstimmung erzeugen, sondern es beseelt uns die unerbittliche Entschlossenheit, das Übel an der Wurzel zu packen und mit Stumpf und Stiel auszurotten."[309]

Und in „Mein Kampf" spielte Hitler mit dem Gedanken, dass man zu Beginn des Ersten Weltkriegs „und während des Krieges einmal zwölf- oder fünfzehntausend dieser hebräischen Volksverderber…unter Giftgas" hätte halten sollen. „Zwölftausend Schurken zur rechten Zeit beseitigt, hätten vielleicht einer Million ordentlicher, für die Zukunft wertvoller Deutscher das Leben gerettet."[310]

Aus solchen Mordphantasien kann aber noch keine konkrete Absicht Hitlers abgeleitet werden, die jüdische Bevölkerung Europas tatsächlich umbringen zu wollen. Wie hätte es denn bewerkstelligt werden sollen, Millionen von Menschen zu töten? Ein solcher Vorsatz hätte jede Vorstellungskraft überstiegen. Hitler, dem eine akribische Planung ohnehin zuwider war, hatte sich dazu gewiss noch keine konkreten Gedanken gemacht.

Am 24. Februar 1928 verkündete Hitler im Hofbräuhaus in München z.B., man müsse den Juden klarmachen, „dass wir Herr im Hause sind; führt er sich gut auf, kann er bleiben, wenn nicht, dann hinaus damit!" Um dann aber sogleich fortzufahren: „Man kann mit Parasiten nicht in Wettbewerb treten, sondern man muss sie entfernen."[311] Er redete also mal so und mal so. Gerade so, wie es ihm in den Sinn kam. Das zeigt, wie wirr, widersprüchlich und unausgegoren Hitlers Gedanken waren in Bezug darauf, wie er mit der jüdischen Bevölkerung umzugehen gedachte. Kein Zweifel kann jedoch darüber bestehen, dass die jüdischen Bürger in Deutschland insbesondere ab 1933 zunehmend gehässigen Repressalien ausgesetzt waren, so etwa in der sog. Reichspogromnacht vom 9. auf den 10. November 1938. Aber noch bis etwa 1941 hatte man nur nebulöse Vorstellungen[312], was mit ihnen geschehen sollte.

Ab Frühsommer 1940 war z.B. noch das Madagaskarprojekt in Planung.[313] Es sah vor, dass die europäischen Juden auf der Insel Madagaskar angesiedelt werden sollten. Der Plan erwies sich jedoch als nicht durchführbar und wurde ab September 1940 nicht mehr weiter vorangetrieben. Stattdessen wurde erwogen, die europäischen Juden in das Generalgouvernement abzuschieben. Das war allerdings nur als Zwischenstation vorgesehen. Endziel der Deportation sollten dann vielmehr die noch zu besetzenden russischen Gebiete sein.[314]

Im Zuge einer sich infolge der Kriegsereignisse zunehmend schneller auflösenden Zivilisation und einer zusammenbrechenden, bis dahin noch Halt gewährend**en** sozialen Ordnung sank jedoch auch die Hemmschwelle immer rascher, Grausamkeiten zu begehen, die bis dahin noch unvorstellbar gewesen waren. Und so kam schließlich der systematische Massenmord Schritt für Schritt in Gang. Hitler hatte dafür die Zielrichtung vorgegeben, indem der Krieg gegen die Sowjetunion als „Vernichtungskampf" deklariert wurde.

Bereits im März 1941 hatte Hitler Himmler zur Vorbereitung der politischen Verwaltung auf noch zu besetzendem russischem Gebiet Sonderaufgaben übertragen, „die sich aus dem endgültig auszutragenden Kampf zweier entgegengesetzter politischer Systeme ergeben" würden.[315] Dazu erging am 28. April 1941 ein OKH-Befehl des Generalfeldmarschalls von Brauchitsch. Dieser regelte, dass „die Durchführung besonderer sicherheitspolizeilicher Aufgaben außerhalb der Truppe…den Einsatz von Sonderkommandos der Sicherheitspolizei (SD) im Operationsgebiet erforderlich" mache. U.a. heißt es dort, im rückwärtigen Heeresgebiet seien die Sonderkommandos berechtigt, „im Rahmen ihres Auftrags in eigener Verantwortung gegenüber der Zivilbevölkerung Exekutivmaßnahmen zu treffen". Eine kaum verschlüsselte Aufforderung zum Mord.

Im „Erlass über die Ausübung der Kriegsgerichtsbarkeit im Gebiet 'Barbarossa' und über besondere Maßnahmen der Truppe" vom 13. Mai 1941, kurz

„Kriegsgerichtsbarkeitserlass" genannt, ging es dann um die Ahndung von Straftaten von Zivilpersonen, die in den Ostgebieten gegen die deutsche Wehrmacht begangen würden. Tatsächlich handelte es sich jedoch auch hier um eine Anleitung und einen Freibrief für Mord und Totschlag: Freischärler seien im Kampf oder auf der Flucht zu „erledigen", Zivilpersonen, die Wehrmachtsangehörige angreifen würden, seien sofort niederzukämpfen, Tatverdächtige könnten auf Geheiß eines Offiziers erschossen werden und gegen Ortschaften könnten auf Anordnung eines Bataillonskommandeurs kollektive Gewaltmaßnahmen durchgeführt werden. Eine gerichtliche Überprüfung sollte es nicht geben. Der Gerichtsweg der Wehrmachtsgerichtsbarkeit wurde ausdrücklich ausgeschlossen.

Für Straftaten von Wehrmachtsangehörigen bestand hingegen kein Verfolgungszwang, auch dann nicht, wenn sie sich eines Verbrechens schuldig gemacht haben sollten. So konnten die Wehrmachtsangehörigen also ohne Skrupel drauflos wüten, und das war allem Anschein nach auch die Absicht, die hinter diesem Erlass stand.

In diesem Sinn müssen auch die „Richtlinien für das Verhalten der Truppe in Rußland" vom 19. Mai 1941, der sog. Kommissarbefehl vom 6. Juni 1941[316] und ein Schreiben Heydrichs vom 2. Juli 1941 an die Höheren SS- und Polizeiführer verstanden werden. Die Richtlinien ordneten u.a. ein „rücksichtsloses

und energisches Durchgreifen gegen bolschewisti-
sche Hetzer, Freischärler, Saboteure, Juden und die
restlose Beseitigung jedes aktiven und passiven Wi-
derstandes" an.[317] Und in dem Schreiben Heydrichs
heißt es, zu exekutieren seien „alle Funktionäre der
Komintern (wie überhaupt die kommunistischen Be-
rufspolitiker schlechthin), die höheren, mittleren und
radikalen unteren Funktionäre der Partei, der Zen-
tralkomitees, der Gau- und Gebietskomitees, Volks-
kommissare, Juden in Partei- und Staatsstellungen
und sonstigen radikalen Elemente (Saboteure, Pro-
pagandeure, Heckenschützen, Attentäter, Hetzer
usw.)".

Und daran hielten sich die Einsatzgruppen auch,
jedoch ohne die Einschränkung, dass nur Juden in
Partei- und Staatsstellungen zu exekutieren seien. In
Bialystok äußerte Himmler gegenüber dem Chef der
Einsatzgruppe B, Arthur Nebe, und dem zuständigen
Höheren SS- und Polizeiführer Erich von dem Bach-
Zelewski, dass grundsätzlich jeder Jude als Partisan
anzusehen sei.[318] Dementsprechend wurden dann
die Ortschaften im rückwärtigen Heeresgebiet nach
allen Juden durchgekämmt, und die Männer im
wehrfähigen bzw. im Erwachsenenalter wurden erschossen, wobei keine der Einsatzgruppen hinter
den anderen zurückstehen wollte.

Ab August 1941 war es dann nur noch ein kleiner
Schritt, und die Erschießungskommandos machten
auch vor der Erschießung von Frauen und Kindern

nicht mehr Halt.[319] Eine Vorreiterrolle übernahmen hierbei die beiden dem Kommandostab Reichsführer-SS unterstellten Kavallerieregimenter der Waffen-SS, insbesondere das 1. SS-Kavallerieregiment unter dem Kommando des damaligen Sturmbannführers Gustav Lombard.[320] Im Gebiet der weißrussischen Pripjetsümpfe im Raum um die Stadt Pinsk töteten die beiden Regimenter Anfang August 1941 ungefähr 25.000 Juden, wobei Lombard unterschiedslos auch Frauen und Kinder umbringen ließ.[321]

Dazu passt es zeitlich, dass der ehemalige Führer des Einsatzkommandos 8 der Einsatzgruppe B, Otto Bradfisch, berichtete, dass ihm nach dem Einmarsch und während des Aufenthalts in Minsk im August 1941 klargemacht worden sei, dass die Juden aufgrund eines nunmehr vorliegenden generellen Ausrottungsprogramms getötet werden sollten. Waren bis dahin, so Bradfisch, „gemäß der gegebenen Befehle" – wenn auch weit ausgelegt – „Spione, Saboteure und sonstige überführte Staatsfeinde erschossen worden", so hieß es nun, dass „ein Befehl zur umfassenden Judenliquidierung vom Führer selbst" vorläge.[322] Damit deckt sich in etwa auch eine eidesstattliche Erklärung von Rudolf Höß, dem Kommandanten des Konzentrationslagers Auschwitz, Himmler habe ihn im Sommer 1941 in seinen Berliner Amtssitz bestellt und ihm erklärt, der Führer habe die „Endlösung" der „Judenfrage" befohlen.[323] Bullock vermutet, dass die endgültige Entscheidung im

Juli 1941 gefallen sei, möglicherweise in einem Gespräch unter vier Augen zwischen Hitler und Himmler bei einem der häufigen Besuche des Reichsführers-SS im Führerhauptquartier.[324] Als das Kriegsglück anfing, sich von Hitler allmählich abzuwenden, begannen ab dem 18. Oktober 1941 dann die Deportationen der Juden auch aus dem Reich[325] und in einer Gauleiterbesprechung am 12.12.1941 gab Hitler offenbar schließlich das Signal zur Ermordung der Juden in ganz Europa.[326]

Im Dezember 1941 wurde in Chelmno (Kulmhof) am Fluss Ner, 130 Kilometer östlich von Posen, das erste Vernichtungslager in Betrieb genommen und bis zum Frühjahr 1942 war schließlich die Linie eingeschlagen worden, die endgültige „Lösung der Judenfrage" nicht mehr in einem nach dem Krieg jenseits des Urals zu bildenden Reservat oder sonstwie anzustreben, sondern die Juden unverzüglich systematisch umzubringen.[327]

Der Prozess der Ermordung der Juden wurde zum Selbstläufer. Er entwickelte sich Schritt für Schritt, und zwar ohne langfristige vorherige Planung. Selbst als Hitler am 30. Januar 1939 bereits von der „Vernichtung der jüdischen Rasse" sprach, lag dem damals gleichwohl noch kein konkreter Plan zugrunde, die jüdische Bevölkerung auszurotten. Es handelte sich hierbei vielmehr zunächst noch um Wortradikalismus, der allerdings nicht unwesentlich dazu beitrug, das antisemitische Klima weiter anzuheizen, in dem dann später der Holocaust stattfinden konnte.

Die Organisation und Durchführung der Judenverfolgung überließ Hitler anderen: Dem von einem germanischen Bauernstaat träumenden Heinrich Himmler und den diesem nachgeordneten Technokraten Reinhard Heydrich und Adolf Eichmann sowie dem gehässigen antisemitischen Scharfmacher Joseph Goebbels.[328] Sie erledigten den Holocaust eigenverantwortlich, jedoch ganz im Sinne Hitlers.

Um Einzelheiten wollte sich Hitler – wie auch sonst – offensichtlich nicht kümmern[329], und sie waren ihm deshalb im Detail auch nicht immer gegenwärtig. So sprach Hitler noch am 24.07.1942 im Führerhauptquartier in Winniza darüber, dass die Juden nach dem Krieg nach Madagaskar oder in einen sonstigen jüdischen Nationalstaat abwandern sollten[330], obwohl der Madagaskarplan zu diesem Zeitpunkt schon längst aufgegeben worden und die Ermordung der Juden bereits in vollem Gange war.[331]

Longerich hält diese Äußerung zwar für ein Täuschungsmanöver.[332] Das erscheint mir jedoch fraglich. Denn wen in seiner Tischrunde hätte Hitler aus welchem Grund täuschen sollen? Und, wenn es Hitler darum gegangen wäre, mit der Bemerkung, dass die Juden nach dem Krieg nach Madagaskar abwandern sollten, den Holocaust zu vertuschen, dann wäre es für ihn einfacher gewesen, das Thema, was aus den Juden nach dem Krieg hätte werden sollen, gar nicht erst anzusprechen. Auch diese Bemerkung spricht somit dafür, dass Hitler das, was er daherredete, in dem Moment, da er es sagte, auch glaubte, und dass er über den Stand der Dinge im einzelnen oft nicht informiert war. Es war ihm offenbar zu lästig, sich mit Einzelheiten abzugeben.

Die Kontroverse zwischen den sog. Intentionalisten, die – verkürzt dargestellt – der Ansicht sind, Hitler habe schon von Anfang an zielstrebig darauf hinge-arbeitet, die jüdische Bevölkerung auszulöschen, und den sog. Funktionalisten bzw. Strukturalisten, die annehmen, die nationalsozialistische Politik habe sich erst im Laufe der Zeit in Richtung Holocaust ent-wickelt, dürfte sich nach der hier vertretenen Auffas-sung somit in dem Sinne lösen lassen, dass Hitler gewiss von Anfang an die Absicht verfolgte, die Ju-den zu drangsalieren und auch aus dem Reich zu vertreiben, dass der Entschluss aber, die jüdische Bevölkerung zu ermorden, erst der Höhepunkt einer allerdings vor allem nach Kriegsbeginn immer ra-scher voranschreitenden, ursprünglich jedoch so noch nicht geplanten Entwicklung war.

Keinesfalls verhielt es sich im übrigen so, dass die Nationalsozialisten von ihren Ideen derart überzeugt gewesen wären, dass sie bezüglich ihrer Mordaktio-nen kein Unrechtsbewusstsein entwickelt hätten. Hit-ler, Himmler und Goebbels wussten genau, dass sie im Fall der Niederlage zur Rechenschaft gezogen werden würden. Die Verbrechen versuchte man zu vertuschen, wo es nur ging. Die Ermordung der Ju-den wurde euphemistisch mit „Endlösung" umschrie-

ben. Auch Hitler selbst sprach nie direkt von der Tö-
tung der Juden, nicht einmal im engsten Kreis.[333]
Die Vernichtungslager wurden fernab im Hinterland
errichtet und das Lager Chelmno z.B. hinter einer
Bretterwand versteckt, um das Morden den Blicken
der Öffentlichkeit zu entziehen. Die Nationalsozialisten waren sich des Unrechtsgehalts ihrer Taten demnach sehr wohl bewusst. Goebbels notierte in seinem Tagebuch scharfsichtig: „Wir haben soviel auf
dem Kerbholz, dass wir siegen müssen, weil sonst
unser ganzes Volk, wir an der Spitze..., ausradiert
wird."[334]

Wie schon am Beispiel von Hitlers Vater erwähnt,
gibt es Anzeichen dafür, dass auch Hitler durchaus
spürte, dass man sich in einer zivilisierten Welt mit
der Verfolgung und Ermordung der jüdischen Bevölkerung kein Ansehen erwerben konnte. Die Ermordung von wehrlosen Männern, Frauen und Kindern,
das passte eben nicht zum Bild des größten Deutschen, als welcher Hitler in die Geschichte eingehen
wollte. Das ahnte offenbar auch Hitler. Der Demago-
ge Hitler spürte ganz genau, was er wann wo bringen konnte. So versagte er sich etwa vor der vorneh-
men Zuhörerschaft des Düsseldorfer Industrie-Clubs
am 26. Januar 1931 tunlichst jegliches antisemitische Bekenntnis.[335]
Im Mai 1933 erklärte Hitler gegenüber Leni Riefenstahl, als diese ihn auf die Emigration jüdischer
Freunde ansprach, er möchte sie bitten, mit ihm nicht

über ein Thema zu sprechen, das ihm unangenehm sei[336], und 1938 bestand Hitler wegen einer möglichen Beeinträchtigung seines Ansehens auf strengster Geheimhaltung seiner Beteiligung am Pogrom vom 9./10. November.[337] Auch das ausfällige Verhalten Hitlers gegenüber Henriette von Schirach auf dem Berghof, als diese ihm am Karfreitag 1943 die Behandlung jüdischer Frauen in Amsterdam vorhielt[338], zeugt eher von einer Unsicherheit Hitlers als von Souveränität. Auch hier hat es den Anschein, als sei es Hitler peinlich gewesen, auf das Thema Judenverfolgung angesprochen zu werden. Er vermied es deshalb auch, in die Nähe des Holocaust zu geraten und der Nachwelt schriftliche Beweise für seine mörderische Tätigkeit zu hinterlassen.

Hitler fürchtete um seinen Führermythos und war deshalb sehr wohl darauf bedacht, mit dem Judenmord weder öffentlich noch halböffentlich in Verbindung gebracht zu werden.[339]

Es gibt keine schriftlichen Anweisungen für die Ermordung der jüdischen Bevölkerung.[340] Jedenfalls sind solche nicht bekannt. Auch hat Hitler nie ein Konzentrationslager besucht[341], geschweige denn ein Vernichtungslager.[342] Er war bei keiner Mordaktion der Einsatzgruppen zugegen.[343] Die Tatsache, dass Hitler die Durchführung des Holocausts anderen überließ, enthebt ihn selbstverständlich in keiner Weise seiner Verantwortung für den Mord an der jüdischen und an anderen Bevölkerungsgruppen. Alles, was geschah, geschah im Sinne von und in Absprache mit Hitler. Auch wurde er über alle Mordaktionen stets auf dem laufenden gehalten.[344] Hitler hatte die Mordaktionen in Gang gesetzt und er hätte sie jederzeit verhindern bzw. aufhalten können, was er freilich nicht getan hat. Er hatte somit die Tatherrschaft über das gesamte Geschehen inne. Sein Ziel war die Ermordung der Juden und auch der Sinti und Roma sowie von Menschen mit geistiger und körperlicher Behinderung. Er ist deshalb für alle Mordaktionen im politischen wie auch im strafrechtlichen Sinn voll verantwortlich.

XV. Hitler und das Militär.

Während Hitler sich also von einer aktiven Mitwirkung an der Vernichtung der jüdischen Bevölkerung eher fernhielt, betätigte er sich umso mehr dort, wo er sich schnellen Ruhm und Ansehen versprach.

Das war in der Politik der Fall, dort allerdings vor allem auf der Bühne der großen Weltpolitik. Am tagespolitischen Kleinkram hingegen konnte er schon bald nur noch wenig Gefallen finden. Systematische Schreibtischarbeit schätzte Hitler ja nun mal nicht. Umso mehr sonnte er sich im Glanz außenpolitischer Erfolge. Und erst recht wollte er sich einen Platz in der Geschichte als großer Feldherr sichern. Das war ihm wahrscheinlich das Allerwichtigste. Auf einer Ebene sah er sich mit Friedrich dem Großen[345], Bismarck, dem Reichseiniger, und Hindenburg. Zum Militär fühlte er sich besonders hingezogen.

In der Zeit, als Kubizek und Hitler einander kennen lernten, wollte Hitler von allem, was irgendwie mit Krieg oder Soldatentum zusammenhing, allerdings noch nichts wissen[346], und als beide in Wien zusammenlebten, soll Hitler sogar ein ausgesprochener Pazifist gewesen sein.[347] Auch versuchte er, dem Freund Kubizek den Wehrdienst auszureden, zumindest den bei der k.u.k. Armee. Allenfalls solle Kubizek bei Passau über die Grenze gehen und sich „im Reich" zum deutschen Heer melden.[348] Dem Habsburger Staat stand Hitler nämlich sehr ablehnend gegenüber. Schon in verhältnismäßig früher Jugend, so schreibt Hitler in „Mein Kampf", hätte er die Möglichkeit gehabt, am Nationalitätenkampf des alten Österreichs teilzunehmen und in kurzer Zeit sei er zum fanatischen „Deutschnationalen" geworden.[349] Mit umso größerer Begeisterung trat Hitler dann wenige Tage nach Beginn des Ersten Weltkriegs als Freiwilliger in die bayerische Armee ein, in das Königlich Bayerische Reserve-Infanterie-Regiment Nr. 16, später „Regiment List" genannt nach dem schon bald nach Beginn des Krieges gefallenen Regimentskommandeur, Oberst Julius List.

Das Militär wurde ihm gewissermaßen zu einem Ersatz für die Familie. Er galt zwar auch bei der Truppe als Sonderling. Obwohl von Statur eher schmächtig, fand er hier aber endlich einmal Anerkennung als Mann und als Kämpfer.

Hitler wurde als Meldegänger eingesetzt und zum Gefreiten befördert.

Er galt als tapfer. Er wurde zweimal verwundet und mehrfach ausgezeichnet. U.a. erhielt Hitler auch das Eiserne Kreuz I. Klasse[350], und das auch noch ausgerechnet auf Vorschlag eines jüdischen Offiziers, nämlich des Regimentsadjutanten Hugo Gutmann.

Im sogenannten Wilhelmstraßen-Prozeß in Nürnberg erklärte allerdings der Regimentsadjutant Fritz Wiedemann während eines Verhörs durch den Ankläger Robert M. W. Kempner auf die Frage, weshalb Hitler nicht zum Unteroffizier befördert worden sei, dass man keine entsprechenden Führereigenschaften bei ihm habe entdecken können.[351]

Gleichwohl fand Hitler im Soldatenleben, im Krieg und im „Fronterlebnis" das, was er suchte.[352] Hier fühlte er sich zu Hause, und alles was mit Soldatentum, Krieg und Kampf zu tun hatte, war bei Hitler positiv besetzt und wurde ins Mythische verklärt. In „Mein Kampf" schrieb er, dass mit dem Ersten Weltkrieg für ihn „die unvergesslichste und größte Zeit meines irdischen Lebens" begonnen habe.[353]

Viele Jahre später, im Anschluss an die Blomberg-Fritsch-Krise im Jahr 1938, übernahm Hitler dann selbst die Befehlsgewalt, und zwar über die gesamte

Wehrmacht. Wie wichtig ihm das war, zeigte sich rein äußerlich schon daran, dass Hitler sogleich nicht mehr mit der Mütze der Parteiuniform auftrat. Vielmehr erschien er ab sofort mit der Wehrmachtsmütze.[354] Jetzt konnte er, der mit Komplexen Beladene, sich und anderen beweisen, wozu er fähig war. Und die Anfangserfolge in Polen und Frankreich schienen ihm auch recht zu geben. Hitler war jetzt in seinem Element. Selbstzweifel kannte er nicht, und in völliger Verkennung der eigenen Fähigkeiten und übersteigerter Selbstsicht mischte er sich mit fortlaufender Kriegsdauer immer mehr in die Kriegführung ein, auch in kleinste taktisch-operative Details[355], bis hinunter auf Bataillonsebene.[356] Widerspruch wurde nicht geduldet. Ratschläge seiner Generale glaubte Hitler beiseite wischen zu können. Das Verhältnis zur Generalität wurde immer schlechter. Nachdem z.B. der militärische Vorstoß in den Kaukasus gescheitert war, erklärte Generaloberst Halder, er könne Hitlers Pläne nicht mehr länger guten Gewissens unterstützen. Hitler setzte sich jedoch über Halders Bedenken hinweg und erklärte, der Russe sei tot. Als Halder erwiderte, die Sowjets würden monatlich 1.200 Panzer bauen und sie hätten zusätzliche 1,5 Mio. Mann mobilisiert, soll Hitler explodiert und mit Schaum in den Mundwinkeln auf den Vortragenden losgegangen sein und sich so „idiotisches Geschwätz" verboten haben. Störrisch wehrte sich der Oberbefehlshaber der Wehrmacht gegen Einsichten, die ihm nicht ins Zeug passen wollten. Halder habe aber nicht nachgegeben und darauf hingewiesen, was geschehen würde, wenn Stalin 1,5 Mio Soldaten gegen Stalingrad und den Don in Bewegung setzen würde. Hitler soll nur noch wütender geworden sein und getobt haben, dass der „ständige Kampf" mit den Generalen ihn die Hälfte seiner Nervenkraft gekostet habe. Das sei die Sache jedoch nicht wert. Bei den Aufgaben, die jetzt noch dem Heere bevorstünden, handle es sich „nicht um eine Frage fachlichen Könnens, sondern um die Glut nationalsozialistischen Bekennens". Am 24. September 1942 wurde Halder dann seines Amtes enthoben.[357]

Bemerkenswert ist auch der Starrsinn, mit dem Hitler an einmal gemachten Eroberungen festhielt. Er klammerte sich an sie geradezu wie ein widerborstiges Kleinkind, das sein Spielzeug nicht mehr hergeben möchte. Entgegen jeglicher militärischer Vernunft konnte er sich, abgesehen von vereinzelten Ausnahmen, grundsätzlich nicht dazu durchringen, von Landgewinnen wieder abzulassen, auch wenn das militärisch dringend geboten gewesen wäre, etwa um eine Verteidigungslinie zu verkürzen.
Als bedeutendstes Beispiel sei hier die Schlacht um Stalingrad genannt. Hitler war entgegen dem Rat seiner Generale nicht bereit, die Stadt aufzugeben und die über 230.000 Soldaten der 6. Armee vor der Einschließung zu bewahren, bis dann die Schlacht schließlich verloren war.

Etwa ein Jahr später, als der Chef des Wehrmacht-führungsstabes im Oberkommando der Wehrmacht, Alfred Jodl, vorschlug, die Front zur Begradigung auf die Linie zwischen Riga und Odessa zurückzunehmen, lehnte Hitler das ab, weil er wiederum kein erobertes Territorium aufgeben wollte.[358]

Auf derselben Ebene liegen auch die ebenso berüchtigten wie sinnlosen Durchhaltebefehle, dass Städte, die zu Festungen erklärt worden waren, ohne Rücksicht auf die Zivilbevölkerung bis zum letzten Mann gehalten werden sollten.

Dass einer Strategie, die durch eine so kurzsichtige Verhaltensweise bestimmt war, langfristig kein Erfolg beschieden sein konnte, liegt auf der Hand. Und dass durch sie das Leben von Millionen von Soldaten und Zivilisten bedenkenlos aufs Spiel gesetzt wurde, interessierte Hitler in gar keiner Weise. Wichtig waren ihm nur die eigenen Belange.

XVI. Selbstmitleid.

Die Gründe für seine Misserfolge suchte Hitler freilich nie bei sich selbst.

Zu Selbstkritik war er nicht im Stande.[359] Das hätte sein dürftiges Selbstbewusstsein nicht verkraftet. Schuld waren deshalb immer die anderen. Das war bei Hitler schon in seiner Jugend so. Die Schule verließ Hitler mit einem elementaren Hass[360], offensichtlich deshalb, weil er die Ursachen für sein Schulversagen nicht in seinem mangelnden Fleiß und in seiner Neigung sehen wollte, Schwierigkeiten aus dem Weg zu gehen, sondern weil er stattdessen den Verdruss über seine schulischen Misserfolge zur eigenen Entlastung auf die Schule projizierte. Es ist halt angenehmer, sich selbst als das Opfer einer ungerechten Welt zu bedauern, als sich einzugestehen, dass man ein Schulversager sei.

Später, auf dem Obersalzberg, bedauerte Hitler sich ausgiebig in weinerlichem Ton wegen des Schicksals, das ihm einmal zuteil werde, wenn er seine politischen Ziele erreicht habe. Dann wolle er sich von den Staatsgeschäften zurückziehen und sein Leben in Linz beschließen. Er werde keine politische Rolle mehr spielen. Die Menschen würden sich seinem Nachfolger zuwenden. Er selbst sei dann bald vergessen. Alle würden ihn verlassen. Vielleicht würde ihn gelegentlich noch einer seiner früheren Mitarbeiter besuchen. Aber damit rechne er nicht. Außer Fräulein Braun nehme er niemanden mit, Fräulein Braun und seinen Hund. Er werde einsam sein. Keiner würde mehr Notiz von ihm nehmen. Alle würden sie dann seinem Nachfolger nachlaufen. Vielleicht einmal im Jahr würden sie bei ihm zum Geburtstag erscheinen.[361]

Es kam jedoch anders. Als im Verlauf des Zweiten Weltkriegs das Kriegsglück Hitler verließ, war dafür wiederum nicht sein Unvermögen als Feldherr die

Ursache, sondern der Verrat seiner Generale. In einfältiger Weise versuchte Hitler, wie schon zu Schulzeiten, auch noch als Erwachsener seine offensichtlichen Fehler auf andere abzuwälzen. Als General Paulus in Stalingrad kapitulierte, sah Hitler darin, ohne auch nur einen einzigen Gedanken an die vielen tausend Soldaten zu verschwenden, die er mit seinen unsinnigen Durchhaltebefehlen in den Tod oder in die Gefangenschaft getrieben hatte, vor allem eine Undankbarkeit und eine Illoyalität von General Paulus ihm gegenüber.[362] Voller Selbstmitleid beklagte er gegen Ende des Krieges die Unfähigkeit seiner Generale und fühlte sich von allen im Stich gelassen. Nur noch Fräulein Braun und sein Schäferhund (s.o.) seien ihm treu und gehörten zu ihm, soll er zum Ende des Krieges hin geklagt haben[363], und er wünschte, seine Generale wären so zuverlässig gewesen wie seine Sekretärinnen.[364]

XVII. Bestrafung des deutschen Volkes, weil es die Erwartungen Hitlers nicht erfüllt hat.

Spätestens jetzt, als auch Hitler nicht mehr darüber hinwegsehen konnte, dass der Krieg nicht mehr zu gewinnen war, verlor er jegliches Interesse am Schicksal seines Volkes. Wenn das deutsche Volk nicht in der Lage war, ihm zum Erfolg zu verhelfen, war es für ihn auch nicht mehr wichtig. Auf die Grundlagen, die das deutsche Volk zu seinem primitivsten Weiterleben benötigen würde, müsste keine

Rücksicht genommen werden, so Hitler zu Speer in der Nacht zum 19. März 1945, Speers vierzigstem Geburtstag. Im Gegenteil sei es besser, selbst diese Dinge zu zerstören. Denn das Volk habe sich als das schwächere erwiesen und dem stärkeren Ostvolk gehöre ausschließlich die Zukunft. Was nach diesem Kampf übrig bleibe, seien ohnehin nur die Minderwertigen, denn die Guten seien gefallen.[365] Jetzt, da das Leben für Hitler seinen Sinn zu verlieren drohte, brauchte also auch das deutsche Volk nicht mehr weiterzuexistieren.

Enttäuscht und frustriert darüber, dass das deutsche Volk ihm nicht seine Wunschträume erfüllt hat, erließ Hitler am 19. März 1945 den sog. Nerobefehl. Darin ordnete er – gewissermaßen auch zur Bestrafung des deutschen Volkes – an, dass „alle militärischen, Verkehrs-, Nachrichten-, Industrie- und Versorgungsanlagen sowie Sachwerte innerhalb des Reichsgebietes, die sich der Feind für die Fortsetzung seines Kampfes irgendwie sofort oder in absehbarer Zeit nutzbar machen kann,…zu zerstören" seien, angeblich, um ein weiteres Vordringen des Feindes auf dem Reichsgebiet zu behindern.[366] Tatsächlich aber eben wohl auch deshalb, weil man dem Volk ein Weiterexistieren nicht gönnte – nach mir die Sintflut. Und der Journalist und Publizist Sebastian Haffner hat gewiss nicht unrecht, wenn er Hitler mit einem Rennstallbesitzer vergleicht, der sein Pferd zu Tode prügeln lässt, weil es nicht die erhofften Siege für ihn errungen hat.[367] Der Herrscher diente also nicht dem Staat, sondern der Staat sollte dem Herrscher dienen.[368]

XVIII. Wenn Hitler den Krieg gewonnen hätte.

Man könnte sich an dieser Stelle die freilich hypothetische Frage stellen, wie wohl alles weitergegangen wäre, wenn Hitler den Zweiten Weltkrieg gewonnen hätte.

Wahrscheinlich wäre es weitergegangen wie bisher, nämlich mit irgendwelchen Eroberungsfeldzügen. Schließlich hätte sich an Hitlers Charakter ja nichts geändert. Hitler vertrug keinen Stillstand. Er vertrug es nicht, zurückgeworfen zu sein auf sich selbst. Das schon seit seiner Kindheit bohrende Gefühl, nicht voll anerkannt zu sein, insbesondere von seinem Vater nicht anerkannt zu sein, in der Schule keinen vernünftigen Abschluss geschafft zu haben, die Abweisung an der Kunstakademie usw., kurzum das Gefühl, letztendlich doch ein Versager zu sein, all das konnte nicht dadurch kompensiert werden, dass Hitler sich selbst und den Menschen, die ihn umgaben, immer wieder einhämmerte, dass er ein Genie sei. Und auch die politischen und militärischen Erfolge, die er zeitweise zweifelsohne vorweisen konnte, vermochten daran nichts zu ändern. Sobald sich die Euphorie verflüchtigt hatte und der Alltag wieder eingekehrt war, kamen auch wieder der übliche Verdruss hoch und die störenden Zweifel und damit auch wieder das Bedürfnis, es allen zu zeigen, dass man von aller Welt zu unrecht verkannt werde.

So verwundert es nicht, dass Hitler nach dem Wahlerfolg der NSDAP bei der Reichstagswahl im Jahr 1930 vor Erlanger Studenten die These aufstellte: „Jedes Wesen strebt nach Expansion, und jedes Volk strebt nach der Weltherrschaft. Nur wer dieses letzte Ziel vor Augen behält, gerät auf den richtigen Weg."[369] Der Gedanke, sich ewig behaupten und durchsetzen zu müssen, entsprach offensichtlich einer tief verwurzelten Grundeinstellung Hitlers, die aus dem immer währenden Bedürfnis herrührte, sich beweisen zu müssen.

So war es auch, nachdem Hitler zum Reichskanzler ernannt worden war. Eigentlich war ja damit ein großes Ziel erreicht. Aber Ruhe gab Hitler nicht.

So war es ferner nach dem „Anschluss" Österreichs. Spätestens jetzt waren die Folgen des „Schandfriedens" von Versailles beseitigt, ein Ziel, das Hitler sich von Anfang an gesetzt hatte.

Und so war es nach der Zerschlagung der Tschechoslowakei. Auch hier hielt Hitlers Freude über den Erfolg nur kurze Zeit an. Eine Woche später erfolgte die Annektierung des Memellands (vgl. S. 40) und 6 Monate später begann Hitler den Zweiten Weltkrieg, der allerdings schon seit langem geplant war.

Hätte Hitler aber diesen Krieg gewonnen, so hätte er gewiss nach einem Grund auch für einen weiteren

Krieg gesucht. Schon im Februar 1941, als Hitler sich noch in der Vorstellung wiegte, den bevorstehenden Feldzug gegen die Sowjetunion bereits im kommenden Herbst beendet zu haben, forderte er in Sorge vor dem drohenden Frieden von General Jodl die „studienmäßige Bearbeitung" eines Aufmarschs gegen Afghanistan und Indien.[370]

Auch die Unabhängigkeit der Schweiz wäre möglicherweise in Gefahr geraten. Unter dem Stichwort „Unternehmen Tannenbaum" wurden schon im Sommer 1940 Pläne für eine überfallartige Besetzung der Schweiz ausgearbeitet. Diese wurden jedoch zurückgestellt, da einer Invasion in Großbritannien der Vorrang eingeräumt wurde, und sie gelangten dann auch im weiteren Verlauf des Krieges nicht mehr zur Ausführung. Wäre der Krieg jedoch für Hitler erfolgreich verlaufen, dann hätte es sehr wohl im Bereich des Möglichen gelegen, dass auch die schon vorhandenen Pläne zur Besetzung der Schweiz wieder aktiviert worden wären.[371]

Und wenn Hitler es geschafft hätte, die gesamte jüdische Weltbevölkerung umzubringen, dann hätte er sich wohl auch ein neues Feindbild suchen müssen. Auf ein solches war er angewiesen, um darauf seine Aggressionen richten zu können. Ein Feindbild gewissermaßen als Blitzableiter für die angestaute Aggressivität, denn mit der Ermordung der Juden wären die Ursachen seiner Aggressivität, die in seiner Verklemmtheit und den daraus resultierenden Hemmungen zu sehen sind, ja nicht beseitigt gewesen.

In letzter Konsequenz ging es Hitler und dem Nationalsozialismus also immer nur darum, Macht und Herrschaft auszuüben. Stets musste man jemand bezwingen, einen Gegner vernichten. Ein Innehalten kam nicht in Betracht. Bezeichnenderweise trug ja schon die von Hitler verfasste Programmschrift den Titel „Mein Kampf". Und darin heißt es: „Wer leben will, der kämpfe also, und wer nicht streiten will in dieser Welt des ewigen Ringens, verdient das Leben nicht."[372] Der Kampf, gegen wen auch immer, wurde zum Selbstzweck. Kurzum: Hitler war nicht friedensfähig. Für ihn war der siegreiche Krieg und nicht der errungene Friede der Endzweck aller Politik.[373] Mit Hitler hätte es keinen Frieden gegeben.[374]

Charlie Chaplin hat die Hybris Hitlers in dem Film „Der Große Diktator" sehr treffend und in unnachahmlicher Weise dargestellt, indem er dort den Diktator Hinkel, der von der Herrschaft über die Welt träumt, mit einem riesigen aufgepumpten Globus lustvoll jonglieren lässt – bis dieser unversehens zerplatzt.

XIX. War Hitler geisteskrank?
Um die Persönlichkeit Adolf Hitlers zu erklären, bedarf es nicht des Rückgriffs auf geheimnisvolle Krankheiten wie z.B. die Schizophrenie. Hitler litt

wohl an den verschiedensten Krankheiten und Beschwerden wie Kopfschmerzen, Ohrensausen, Schwindelgefühlen, Bluthochdruck, Verdauungsstörungen usw., wobei davon auszugehen ist, dass die Ursachen psychosomatischer Natur waren.[375] Ab 1941 zeigten sich dann auch Symptome einer parkinsonschen Erkrankung.[376] Diese Krankheiten beeinflussten die Entscheidungen Hitlers jedoch nicht.

Leibarzt Morell versuchte dem körperlichen Verfall Hitlers Einhalt zu gebieten, indem er seinem Patienten zunehmend immer mehr an Drogen, Aufputsch- und Betäubungsmitteln verabreichte. Hitler war in seinen Persönlichkeitsmerkmalen jedoch schon so weitgehend festgelegt, dass der Medikamentenabusus bei ihm zu keiner entscheidenden Wesensveränderung mehr führte. Allenfalls traten die zuvor geschilderten Charakterzüge jetzt noch deutlicher hervor. Hitler blieb in seinem Wesen jedoch der, der er schon seit jeher gewesen war. Seine Gedankenwelt und seine Taten waren somit auch nicht das Resultat von Drogen.[377] Im Gegenteil: Hitler wusste trotz aller Krankheiten und Beschwerden immer, was er tat.[378] Die Taten Hitlers lassen sich deshalb auch nicht mit einer Psychose erklären.

Fraglich ist es aber auch, ob zum Verständnis des Phänomens Hitler Erklärungen weiterhelfen wie die der Psychologin und Publizistin Alice Miller, dass nämlich die Rassengesetze (gemeint sind offensichtlich die sog. Nürnberger Gesetze) für Hitler die Wiederholung des eigenen Kindheitsdramas bedeutet hätten: Wie der Jude jetzt keine Chance gehabt hätte, so hätte einst das Kind Adolf Hitler keine Chance gehabt, den Schlägen des Vaters auszuweichen[379], Hitler habe die Erfahrung des Bösen mit seinem Vater auf die Juden transponiert.[380]

Der Psychiater Helm Stierlin[381] stellte folgende Theorie auf:
In seiner Beziehung zu Deutschland habe Hitler seine Beziehung zu seiner Mutter wieder erweckt und in der Beziehung zu Deutschland habe sich Hitler als ein „auserwählter Beschützer, Sohn und Führer" verwirklicht, der die verdeckten und unterdrückten Wünsche der Mutter habe befriedigen können. Er habe dem „Mutterland" zu Macht und Ausdehnung verholfen und möglicherweise habe Hitler dadurch auch versucht, die Juden insgesamt zur Rechenschaft zu ziehen und zu bestrafen, stellvertretend für den jüdischen Arzt Dr. Bloch, den Hitler im nachhinein für den qualvollen Krebstod seiner Mutter verantwortlich gemacht habe. Vielleicht sei es nicht zufällig, dass in Hitlers Reden und Schriften immer wieder vom „jüdischen Krebsgeschwür" die Rede gewesen sei, das den deutschen Volkskörper befallen habe und das es auszurotten gelte. Auch eine solche Erklärung erscheint mir jedoch recht formalistisch.
Sie ist umso fragwürdiger, als es eher unwahrscheinlich ist, dass Hitler den Arzt Dr. Bloch „für den

qualvollen Krebstod" seiner Mutter verantwortlich gemacht hat und ihn hätte bestrafen wollen. Im Gegenteil: Am 24. Dezember 1907, 3 Tage nach Klara Hitlers Tod, erschien die Familie Hitler bei Dr. Bloch,
und Hitler dankte ihm mit „tränenerstickter Stimme"
für dessen ärztliche Bemühungen um die Mutter.[382]

Eine ähnliche Hypothese, dass nämlich Deutschland
für Hitler zum Muttersymbol geworden sei, zog allerdings auch Erich Fromm in Betracht. Danach sei Hitlers Fixierung an die Mutter (= Deutschland) die
Grundlage seines Hasses gegen das „Gift" (Syphilis
und Juden) gewesen, vor dem er sie zu retten gehabt hätte. In einer tieferen und unbewussten
Schicht sei aber diese Bindung auch die Basis seines lang verdrängten Wunsches gewesen, die Mutter (= Deutschland) zu zerstören. Dieser Wunsch
habe sich – obgleich als solcher unbewusst – in seinem Verhalten von 1942 an, als Hitler schon gewusst habe, dass der Krieg verloren gewesen sei, in
die Tat umgesetzt bis hin zum Befehl der Gesamtzer-
störung aller vom Feind eroberten Gebiete im Jahr
1945. Gerade diese Entwicklung verstärke die Hypothese von seiner bösartigen Mutterbindung, in der
der Anfang von Hitlers späterer manifesten nekrophi-
len Entwicklung zu sehen sei.[383] Nach dieser Hypothese wäre Hitler ein autistisches Kind gewesen, das
die Schale seines Narzissmus nie durchbrochen und
bei dem sich keine affektive Bindung zur Mutter
entwickelt hätte. Solche Kinder entwickeln laut Erich

Fromm niemals warme erotische und später sexuelle Gefühle zu ihrer Mutter, und sie haben offenbar nie den Wunsch, der Mutter nahe zu sein. Später verlieben sie sich dann auch nicht in Mutter-Ersatzfiguren. Für sie soll die Mutter lediglich ein Symbol sein: mehr ein Phantom als eine wirkliche Person. Sie soll ein Symbol der Erde, der Heimat, des Blutes, der Rasse, der Nation, des Urgrundes sein, aus dem das Leben entspringt, und zu dem es zurückkehrt. Sie soll aber auch das Symbol für Chaos und Tod sein, nicht die lebensspendende Mutter, sondern die todbringende. Ihre Umarmung soll der Tod und ihr Schoß das Grab sein.[384]

Dass zwischen Hitler und seiner Mutter keine affektive Beziehung bestanden hätte, dürfte allerdings unzutreffend sein. So schildert etwa Kubizek, wie liebevoll und aufopfernd Hitler für seine Mutter gesorgt habe, als sie krank war.[385] Zwar hält Fromm Kubizek für wenig glaubwürdig, da er Hitler sowohl in seiner Jugend als auch später bewundert habe[386] und deshalb wohl befangen sein könnte . Die Historikerin Brigitte Hamann legte jedoch unter Berufung auf Hitlers Schwester Paula und den Arzt Dr. Bloch dar, dass die Darstellung Kubizeks sehr wohl überzeugend ist.[387]

Durchaus glaubhaft ist es allerdings, dass Hitler schon von Kindheit an autistische Züge aufwies.

Angesichts der Tatsache, dass es von vornherein absehbar war, dass das von Hitler ständig mit hohem Risiko betriebene politische Vabanquespiel auf Dauer nicht gut gehen konnte, kann man sich freilich schon die Frage stellen, ob Hitlers Handeln nicht von einer unbewussten Lust am Untergang bestimmt wurde. Gleichwohl dürfte das eher nicht wahrscheinlich sein. Bis zum Schluss wollte Hitler nämlich den bevorstehenden Untergang gerade nicht wahrhaben und ihn unter allen Umständen vermeiden. So operierte er, als er im Bunker der Reichskanzlei schon längst festsaß, noch immer mit Geisterarmeen, die zur Befreiung Berlins anrücken würden. Es war deshalb wohl weniger die Lust am Untergang, die Hitlers Handeln bestimmte, als vielmehr die Sucht nach ständig neuen Erfolgserlebnissen. Sobald er ein Ziel erreicht hatte und der Glanz des Erfolges zu verblassen drohte, brauchte der im Grunde seines Herzens stets unzufriedene Egomane schon wieder einen neuen Erfolg, wobei das Leben und das Schicksal anderer Menschen für ihn keinerlei Rolle spielten. Demnach wäre es weniger eine – wenn auch unbewusste – Todessehnsucht gewesen, die Hitler antrieb als vielmehr eine Art ständiger Flucht vor sich selbst.

Und, ob zur Erklärung für Hitlers Zerstörungswut und insbesondere zur Erklärung für den oben zitierten Nerobefehl (vgl. S. 125 f und S. 133 f) unbedingt eine angeblich bösartige Mutterbindung thematisiert werden muss? Vielleicht. Vielleicht aber auch nicht.

Voranstehend wurde jedenfalls der Versuch einer einfacheren Erklärung unternommen.

XX. Hitler, ein Mensch wie andere auch?

War Hitler also ein Phänomen, das in seiner grenzenlosen Vielschichtigkeit überhaupt nicht zu fassen ist?[388] Möglicherweise. Man kann es aber auch anders sehen:

Gewiss verfügte Hitler über ein ganz besonderes Rednertalent, mit dem er die Massen in seinen Bann schlug. Und die charismatische Wirkung, die von Hitler ausging, soll noch durch seinen durchdringenden Blick gesteigert worden sein. So soll z.B. Kubizeks Mutter schon gleich am ersten Tag, als ihr der damals noch junge Adolf Hitler vorgestellt wurde, zu Kubizek gesagt haben: „Was hat nur dein Freund für Augen!" Und in ihren Worten soll „mehr ein Erschrecken als Bewunderung" gelegen haben.[389]

Hinzu kam noch das sichere Gespür Hitlers, den Menschen in Deutschland nach dem verlorenen Ersten Weltkrieg genau das zu sagen, was sie hören wollten. Hierbei handelt es sich jedoch nicht so sehr um Charaktereigenschaften als vielmehr um Fähigkeiten, die man sowohl zum Guten wie zum Schlechten nutzen kann, je nach charakterlicher Disposition.

Betrachtet man hingegen den Charakter Hitlers, dann fallen keine Eigenschaften auf, die sich nicht auch bei anderen Menschen finden ließen. Egozentrik und Selbstmitleid, verbunden mit Aggressivität und Verklemmtheit trifft man auch bei unzähligen anderen Menschen an, ebenso wie Dilettantismus und Selbstüberschätzung – bei Menschen, die ihr Leben ansonsten völlig unauffällig und von der breiten Masse unbeachtet fristen und die aus der Menge nicht besonders hervortreten. Es gibt eben „Hunderte von Hitlern" unter uns.[390] Unterer Durchschnitt könnte man sagen. Hitler war schüchtern und er war faul und launisch. Und er litt wie alle anderen Menschen auch unter Sorgen und Ängsten. Er fürchtete sich vor Krankheiten und vor dem Tod. Und während des Krieges traute er sich nach Luftangriffen erst dann, zu Bett zu gehen, wenn auch der letzte der alliierten Bomber den deutschen Luftraum verlassen hatte.[391]

Andererseits hatte Hitler an denselben Dingen Spaß wie Millionen anderer Menschen auch. Er sah sich gerne Kinofilme an. Auch fuhr er gern Auto bzw. er ließ sich fahren – je schneller, desto besser. Er konnte kein anderes Auto vor sich sehen. Sofort musste es überholt werden. Es bereitete ihm eine infantile Freude, andere Wagen hinter sich zu lassen.[392] Das legte sich erst, nachdem Hitler Reichskanzler geworden war. Insbesondere Mercedes-Fahrzeuge hatten es ihm angetan.[393] An einem „Hitlerwagen" auf der Basis eines Horch 850 hingegen fand Hitler kein Interesse.[394]

Hitler also ein Mensch wie Millionen andere auch? Das zu behaupten, wäre wohl doch etwas vermessen. Andererseits: Eine außerirdische Erscheinung, die wie ein Verhängnis aus dem Nichts über das deutsche Volk gekommen wäre, das war Hitler auch nicht.

Schaut man hinter die Fassade des Diktators, dann hatte er mehr Gemeinsamkeiten mit seinen Volksgenossen, als man gemeinhin annehmen möchte, und vielen sprach er mit seinen Ideen durchaus aus der Seele.

Offenbar bediente Hitler mit seiner charismatischen Herrschaftsinszenierung eine bei weiten Teilen des deutschen Volkes offensichtlich vorhandene merkwürdige Sehnsucht, sich einer Autorität zu unterwerfen. Dieses Verlangen zeigte sich schon rein äußerlich etwa in einem zackigen Haltungannehmen oder einem lustvollen Zusammenschlagen der Hacken. Als Gegenleistung für diese Unterwürfigkeit wurden die Massen dann mit Lob und Anerkennung belohnt, sie seien als Arier der Gipfel der Schöpfung.

Diejenigen, die durch die nationalsozialistische Politik nicht ausgegrenzt wurden, profitierten von der Diktatur, von der Enteignung der Juden und von der Unterdrückung anderer Völker durchaus. Hitlers persönliche Wertvorstellungen waren gesellschaftlich akzeptiert; seine Visionen konnten die Menschen begeistern, weil sie dafür empfänglich waren[395], und die Hitler-Diktatur konnte auf eine breite Unterstützung der Bevölkerung bauen. So war etwa die Gestapo

auf die Denunziationen aus der Bevölkerung geradezu angewiesen.[396] Und die blieben nicht aus.

Dabei war es für jedermann von Anbeginn erkennbar, wie sehr Hitler sich am Hass auf andere be-
rauschte und wie besessen er von dem fanatischen
Glauben an seine Mission war.[397] Das hätte die Menschen eigentlich nachdenklich stimmen müssen. Weniger Begeisterung und dafür mehr Anstand, und die
Weltgeschichte hätte vermutlich einen anderen Verlauf genommen. „Anstand" antwortete z.B. Marlene
Dietrich, als sie gefragt wurde, was sie davor bewahrt habe, den Verheißungen der Nationalsozialisten nachzugeben.[398] Ohne die leidenschaftliche, bis
hin zur Verzückung reichende Zustimmung vieler
und schließlich gar der erdrückenden Mehrheit der
Deutschen wäre Hitler ein Nichts geblieben[399], der
Nationalsozialismus hätte keine Chance gehabt, und
die Frage, ob Hitler ein Mensch war wie andere
auch, hätte niemand interessiert.

Die im deutschen Volk tief verwurzelte Neigung zur
Innerlichkeit und Romantik[400] ebnete jedoch dem
Nationalsozialismus den Weg und der missionari-
sche Eifer, mit dem man die anderen Völker zur neu-
en Heilslehre bekehren wollte, machte die Volksgenossen blind für jegliche auf Vernunft gegründete
Einsicht.
   Was wir Deutschen uns im Umgang mit unseren
jüdischen Mitmenschen und anderen Minderheiten

geleistet haben an gehässigen Beschimpfungen, primitiven Erniedrigungen, an Massakern, und das alles gipfelnd in der Schoah, dem millionenfachen Mord, das war ein echter Zivilisationsbruch. Er wird uns anhängen, solange man schreiben und lesen kann.

XXI. Hitler, der Narzisst.

Zusammenfassend kann man feststellen, dass Hitler von klein auf sich ständig mit dem Gefühl herumgeplagt hat, immer in irgendeiner Weise zu kurz gekommen und letztendlich nicht gebührend anerkannt worden zu sein. Er war deshalb praktisch nur mit sich selbst beschäftigt, sei es, dass er sich von irgendwelchen Krankheiten bedroht glaubte, sei es, dass er sich für einen von der Vorsehung Auserwählten hielt. Stets fühlte er sich unverstanden und in seiner Bedeutung verkannt. Niemand und nichts konnte ihm, der Ausnahmeerscheinung, als die er sich sehen wollte, gerecht werden. Allem Anschein nach war Hitler ein größenwahnsinniger Mensch, der entwicklungspsychologisch auf der Stufe eines Kleinkindes verharrte. Er lebte nur seinen eigenen Interessen. Die Belange anderer Menschen waren ihm absolut gleichgültig, und er hatte auch keine Bedenken, Menschen beiseite räumen, also ermorden zu lassen, wenn er der Meinung war, sie seien ihm bei seinen Unternehmungen im Wege, etwa Kranke oder Menschen mit Behinderung.[401] Für Hitler waren seine Mitmenschen nichts anderes als reine Verfügungsmasse. Gegenüber Generaloberst Heinz Guderian

z.B. äußerte er sich wie folgt: „Glauben Sie, die Gre-
nadiere Friedrichs des Großen wären gerne gestor-
ben? Sie wollten auch leben, und dennoch war der
König berechtigt, das Opfer ihres Lebens von ihnen
zu verlangen. Ich halte mich gleichfalls für berechtigt,
von jedem Soldaten das Opfer seines Lebens zu fordern."[402] So bedenkenlos, wie er andere Menschen
in die Pflicht nahm, so ungern ließ Hitler allerdings
umgekehrt sich selbst in die Pflicht nehmen. Für andere Menschen hatte er das Empfinden eines Stei-
nes, nämlich überhaupt keins, gipfelnd in der sadisti-
schen Genugtuung, mit der er sich Filmaufnahmen
über die Hinrichtungen der Widerstandskämpfer vom
20. Juli anschaute. Sein mangelndes Selbstbewusstsein versuchte er durch aggressives, martialisches
Auftreten zu kompensieren. Für Kritik jeglicher Art
war er unempfänglich. Hitler wies damit alle Merkma-
le eines selbstverliebten Narzissten auf.[403] Man
könnte ihn auch einen Soziopathen nennen, was
praktisch auf dasselbe hinausliefe. Die völlig fehlen-
de Empathie, die totale Gleichgültigkeit gegenüber
Mitmenschen, seine niedrige Frustrationsschwelle,
die Aggressivität und die Grausamkeit, seine Selbst-
herrlichkeit und die Unfähigkeit, aus Erfahrungen zu
lernen und sich konstruktiv in eine Gemeinschaft einzuordnen, all das lässt auf eine dissoziale Persön-
lichkeitsstörung schließen. Der Historiker Hans
Mommsen hat Hitler deshalb völlig zu recht als „me-
diokre Persönlichkeit" bezeichnet.[404]

XXII. Schlussbemerkung.

Um auf die eingangs gestellte Frage zurückzukommen, was Hitler für ein Mensch gewesen sei – die hier gefundene Antwort besteht in einem Paradoxon: Hitler, der Reichskanzler und mächtige Führer des Deutschen Reiches und Oberster Befehlshaber der Wehrmacht, ist in seiner psychischen Entwicklung auf der frühkindlichen Stufe eines Kleinkindes stehen geblieben. Er hatte nicht die charakterlichen Voraussetzungen, um mit der Macht, die ihm zur Verfügung stand, in verantwortungsbewusster Weise umzugehen. Daraus entwickelte sich eine gefährliche Zeitbombe, und die ist in diesem Falle losgegangen.

Der strenge Vater, die nachgiebige Mutter, der in seiner charakterlichen Entwicklung gehemmte Sohn mit dem eingeschränkten Selbstwertgefühl, die Misserfolge in der Schule sowie an der Kunstakademie usw. – es stimmt nachdenklich, was es im einzelnen für alltägliche und vergleichsweise eher unscheinbare Gründe gewesen sein mögen, die letztendlich mit dazu beigetragen haben, Deutschland in die Jahrtausendkatastrophe zu stürzen.

Überfälle auf andere Länder, millionenfacher Mord von Amts wegen, begangen in Tateinheit mit Völkermord und Verbrechen gegen die Menschlichkeit, das alles erledigt mit deutscher Gründlichkeit − kein anderes Land dieser Erde hat jemals Gewalt, Krieg und Mord in einem solchen Ausmaß gleichsam zu seiner Staatsraison erhoben, wie Deutschland es getan hat. Das muss man einfach mal zur Kenntnis nehmen.

[1] **Anmerkungen**

I. Vorbemerkung.

[2] Norbert Frei in: Ryback, Hitlers Bücher: seine Bibliothek – sein Denken, S. 13.

II. Hitlers Familie und Jugendzeit.

[3] Gerald Hüther in „Der Spiegel" 44/2017 vom 28.10.2017, S. 115; Lieselotte Ahnert in „Der Spiegel" 15/2019 vom 06.04.2019, S. 92.

[4] Erich Fromm, S. 416.

[5] Ebd., S. 417.

[6] Siehe hierzu Britta Bannenberg, „Den Mörder gibt es nicht" in „Sonntag Aktuell" vom 22. Februar 2015.

[7] Anton Joachimsthaler, zitiert bei Neumann/Eberle, S. 48.

[8] Hamann, Hitlers Wien, Lehrjahre eines Diktators, S. 73 f.

[9] Neumann/Eberle, S. 37 und S. 36, Fn 103; s.a. Kershaw, Hitler 1889 – 1936, S. 36 und Fest, Hitler, S. 32.

[10] Hamann, Hitlers Wien, S. 75.

[11] Ebd., S. 66; Maser, Adolf Hitlers Mein Kampf, Geschichte, Auszüge, Kommentare, S.112;

[12] MK, S. 2.

[13] Maser, Fahrplan eines Welteroberers in „Der Spiegel" 34/1966 vom 15.08.1966, S. 43.

[14] Ebd.

[15] MK, S. 2.

[16] Ebd., S. 3.

[17] Hamann, Hitlers Wien, S. 31.

[18] MK, S. 2.
[19] Hamann, Hitlers Wien, S. 20.
[20] Miller, S. 198.
[21] Hamann, Hitlers Wien, S. 22.
[22] Schroeder, S. 63.
[23] Schroeder, S. 336, Anm. 139.
[24] Schroeder, S. 63.
[25] Erich Fromm, S. 420.
[26] MK, S. 16.
[27] Schroeder, S. 63.
[28] Hamann, Hitlers Wien, S. 31.
[29] Herbert Renz-Polster, „Bindung kommt für die Kleinen vor Bildung" in Stuttgarter Zeitung vom 11.03.2014.
[30] Ullrich (I), S. 199.
[31] Hans Frank, Im Angesicht des Galgens, München1953, S. 332, zitiert bei Hamann, S. 22.
[32] Erich Fromm, S. 421.
[33] Jan Fleischhauer, Der Parvenu als Kaiser in „Der Spiegel" 32/2013 vom 05.08.2013, S. 110.
[34] Helm Stierlin in: Leutheusser (Hg.), Hitler und die Frauen, S. 258, 259.
[35] Winterhoff, Tyrannen müssen nicht sein. Warum Erziehung allein nicht ausreicht – Auswege, S. 31.
[36] Ebd., S. 108.
[37] Ullrich (I), S. 30.
[38] Maser, Adolf Hitlers Mein Kampf, Geschichte, Auszüge, Kommentare, S. 114.
[39] MK, S. 8.
[40] Kubizek, S. 65.
[41] Ebd., S. 64.
[42] Leidinger in Leidinger/Rapp, S. 122
[43] MK, S. 3.

[44] Vgl. Winterhoff, SOS Kinderseele. Was die emotionale und soziale Entwicklung unserer Kinder gefährdet – und was wir dagegen tun können, S.123.

[45] Kubizek, S. 65; Hamann a.a.O., S. 21.

III. Verdrängung der Wirklichkeit.

[46] Kubizek, S. 121 ff.

[47] Fest, Der Untergang, S. 61.

[48] Clark, Preußen, S. 751.

[49] Bullock, S. 1059.

[50] Ebd., S. 1060.

[51] Ullrich (I), S. 15.

[52] Ebd., S. 444.

[53] Klemperer, S. 68.

[54] Bella Fromm, S. 253, Eintrag vom 28.08.1936.

[55] Zitiert nach Volker Ullrich, Adolf Hitler, Die Jahre des Aufstiegs 1889 – 1939, S. 115.

[56] MK, S. 200.

[57] Ebd.

[58] Ullrich (II), S. 669; Pyta, S.189 ff.

[59] Volker Ullrich, Als Hitler sich selbst erfand, in „Die Zeit", Nr. 40 vom 26.09.2013, S. 18.

[60] Bullock, S. 774.

[61] Ebd., S. 776.

[62] Ebd., S. 737.

IV. Der egozentrische Machtmensch.

[63] Kubizek, S. 24

[64] Ebd., S. 26.

[65] Ebd., S. 279.

[66] Ebd., S. 224.

[67] Ebd., S. 187.

[68] Ebd., S. 186.
[69] Ebd., S. 24.
[70] Ebd., S. 23.
[71] Erich Fromm, S. 40.
[72] Schroeder, S. 270.
[73] Ebd., S. 271.
[74] Ebd., S. 235.
[75] Ebd.
[76] Ebd., S. 365, Anm. 381.
[77] Ebd., S. 235.
[78] Ebd., S. 153; s.a. Ullrich (I), S. 312.
[79] Ebd., S. 235, 236.
[80] Haffner, S. 28.
[81] Bullock, S. 751.
[82] Ullrich (II), S. 255.
[83] Bullock, S.792; Schroeder, S. 88; Kershaw, Hitler 1936 – 1945, S. 215 und S. 234.
[84] Wehler, S. 652.

V. Hitler, der halbgebildete Kleinbürger.

[85] Kubizek, S. 218.
[86] Ebd., S. 65 und S. 218.
[87] Bullock, S. 206.
[88] MK, S. 21.
[89] Hamann, Hitlers Wien, S. 322, 323; s.a. Peter Longerich, Heinrich Himmler, Biographie, S. 290; Pyta, S. 230 ff.
[90] Ullrich (I), S. 447.
[91] Bullock, S. 12.
[92] Kershaw, Hitler 1889 – 1936, S. 96.
[93] Kubizek, S. 286.
[94] Ebd., S. 96.

[95] Ullrich (I), S. 144.

[96] Hanfstaengl, S. 243.

[97] Bullock, S. 769, Bilderläuterung; Wilhelm Bittorf, Es zittern die morschen Knochen… in „Der Spiegel" 34/1989, vom 21.08.1989, S. 104; Schmidt, Die Außenpolitik des Dritten Reiches 1933 – 1939, S. 280.

[98] Bittdorf, s.o. Anm. 97.

[99] Schmidt, s.o. Anm. 97; Glotz, S. 127.

[100] Aufzeichnungen des sowjetischen Botschafters in London, Iwan Maiski, aus den Jahren 1937 bis 1943 in „Le Monde diplomatique", deutsche Ausgabe, Januar 2016.

[101] Speer, Erinnerungen, S. 241.

[102] Siehe hierzu Bullock, S. 1089.

[103] Bullock, S. 1016.

[104] Mommsen, Auschwitz 17. Juli 1942. Der Weg zur europäischen „Endlösung der Judenfrage", S. 122; Browning, S. 30.

[105] Hanfstaengl, S. 309 f.

[106] Ullrich (I), S. 437.

[107] Haffner, S. 10.

[108] Karl, S. 142.

VI. Der Bohemien und Chaot.

[109] Kubizek, S. 20.

[110] Ebd., S. 36.

[111] Ebd., S. 199.

[112] Ebd., S. 177.

[113] Ebd., S. 232.

[114] Ebd., S. 191.

[115] Hanfstaengl, S. 311.

[116] Schroeder, S. 53.

[117] Kubizek, S. 314.

[118] Broszat, S. 350.

[119] Otto Dietrich, 12 Jahre mit Hitler, München 1955, S. 249 – 251, zitiert bei Broszat, S. 352.

[120] Speer, Erinnerungen, S. 145.

[121] Broszat, S. 350.

[122] Bullock, S. 505.

[123] Broszat, S. 356.

[124] Ebd., S. 356.

[125] Bullock, S. 506.

[126] Broszat, S. 439.

[127] Bullock, S. 571.

[128] Kershaw, Hitler 1889 – 1936, S. 665 ff.

[129] Wesel, S. 64.

[130] Speer, Erinnerungen, S. 225.

[131] Ebd.

VII. Der launenhafte Tyrann.

[132] Kubizek, S. 176.

[133] Ebd., S. 176

[134] Ebd., S. 65.

[135] Ullrich (I), S. 130 f.

[136] Kubizek, S. 315.

[137] Ullrich (I), S. 422.

[138] Ebd., S. 427.

[139] Hamann, Winifred Wagner, S. 344.

[140] Ebd., S. 425.

VIII. Der Ungeduldige.

[141] Bullock, S. 896.

[142] Ebd., S. 897; Ullrich (II), S.144.

[143] Schmidt, Der Zweite Weltkrieg, die Zerstörung Europas, S. 116.
[144] Ebd.
[145] Kershaw, Wendepunkte, S. 526.
[146] Ebd.
[147] Schroeder, S. 125.
[148] Wehler, S. 862, Ullrich (II), S. 254.
[149] Halder, Kriegstagebuch, Bd. 3, S. 489, zitiert bei Schmidt, Der Zweite Weltkrieg, die Zerstörung Europas, S. 153, Fn 12.

IX. Sendungsbewusstsein und Größenwahn.

[150] Kubizek, S. 188.
[151] Ebd., S. 190.
[152] Ebd., S. 283
[153] Ebd., S. 134.
[154] Frank Hornig und Michael Sontheimer, Führer im Kleinformat in „Der Spiegel" 41/2010 vom 11.10.2010, S. 38; Ullrich (I), S. 568.
[155] Schroeder, S.88, Kershaw, Hitler 1936 – 1945, S. 215 und S. 234.
[156] Wehler, S. 852.
[157] Hierbei handelt es sich offensichtlich um eine Anspielung auf das gescheiterte Attentat von Georg Elser am 8. November 1939.
[158] Bullock, S. 856.
[159] Ebd.
[160] Bullock, S. 1012.
[161] Speer, Erinnerungen, S. 88
[162] Ebd., S. 155, 156.
[163] Ebd, S. 172.

[164] Henry Picker, Hitlers Tischgespräche im Führerhauptquartier, Propyläen Verlag, gebundene Ausgabe, S. 172.

[165] Bullock, S. 472.

X. Die Beziehungen zum weiblichen Geschlecht.

[166] Kubizek. S. 266.

[167] Ebd.

[168] Maser, Adolf Hitler, Legende – Mythos – Wirklichkeit, 16. Aufl.. S. 313, 314.

[169] Maser, Adolf Hitler, Legende – Mythos – Wirklichkeit, 4. Aufl., S. 305.

[170] Hamann, Hitlers Wien, S. 516.

[171] Schroeder, S. 152.

[172] Ebd., S. 518.

[173] Neumann/Eberle, S. 67.

[174] Maser, Adolf Hitler, Legende – Mythos – Wirklichkeit, 16. Aufl., S. 315.

[175] Neumann/Eberle, S. 67.

[176] Ullrich (I), S. 76.

[177] Volker Ullrich in „Der Spiegel" 41/2013 v. 07.10.2013, S.128, und Volker Ullrich (I), S. 689.

[178] Kubizek, S. 195.

[179] Ebd., S. 31.

[180] Gun, S. 25.

[181] Ullrich (II), S. 16. Kryptorchismus bedeutet, dass ein Hoden nicht in den Hodensack gelangt ist.

[182] Kubizek, S. 274.

[183] Ebd., S. 182.

[184] Ebd., S. 272.

[185] Ebd., S. 74.

[186] Ebd., S. 76.

[187] Ebd., S. 187.
[188] Maser, Adolf Hitlers Mein Kampf, Geschichte, Auszüge, Kommentare, S. 21.
[189] Hanfstaengl, S, 174.
[190] Toland, S. 319.
[191] Ullrich (I), S. 583.
[192] Maser, Adolf Hitler, Legende – Mythos – Wirklichkeit, 4. Aufl., S. 311.
[193] Maser, Adolf Hitler, Legende – Mythos – Wirklichkeit, 16. Aufl., S. 324.
[194] Picker, Hitlers Tischgespräche, S. 27.
[195] Ullrich (I), S. 322.
[196] Maser, Adolf Hitler, Legende – Mythos – Wirklichkeit, 16. Aufl., S. 324.
[197] Speer, Erinnerungen, S. 117, 118; s.a. Speer, Spandauer Tagebücher, S. 211.
[198] Ohler, S. 200.
[199] Ebd.
[200] Ebd., S. 204.
[201] Ebd., S. 202.
[202] „Stern" Nr. 24 vom 13.06.1959, S. 24.
[203] Ian Kershaw, Hitler 1889 – 1936, S. 365.
[204] Ebd., S. 366; s.a. Ullrich (I), S. 309.
[205] Hamann, Winifred Wagner, S. 313.
[206] Ebd.
[207] Misch, S. 111.
[208] Gun, S. 75 f.
[209] Görkemaker, S. 103.
[210] Gun, S. 68, 69.
[211] Hanfstaengl, S. 359.

[212] Schroeder, S. 156; Ullrich (I), S. 321. Ullrich hält es allerdings für unglaubwürdig, dass Eva Braun sich „ausgerechnet ihrer Friseurin anvertraut" haben soll, freilich ohne seine Zweifel näher darzulegen.

[213] Görtemaker, S. 121.

[214] Pyta, S. 641.

[215] Hamann, Hitlers Wien, S. 517.

[216] Klaus Wiegrefe, Treu bis in den Tod, in „Der Spiegel" 6/2010 vom 08.02.2010, S. 42.

[217] Hanfstaengl, S. 37 und S. 61.

[218] Ullrich (I), S. 306.

[219] Helm Stierlin in: Leutheusser (Hg.), Hitler und die Frauen, S. 271.

[220] Speer, Erinnerungen, S. 106.

[221] Ebd.

[222] Hamann, Winifred Wagner, S. 139.

[223] Gun, S. 44, 45; s.a. Ullrich (I), S. 307.

[224] Hanfstaengl, S. 243.

[225] Karl, S. 12.

[226] Ebd., S. 233.

[227] Ebd., S. 74.

[228] Schroeder, S. 152.

[229] Hanfstaengl, S. 61.

[230] Kubizek, S. 40.

[231] Kubizek, S. 270.

[232] Ullrich (I), S. 689.

[233] Machtan, S. 84.

[234] Ebd., S. 95.

[235] Hamann, Hitlers Wien, S. 515.

XI. Der Einzelgänger.

[236] Kubizek, S. 33, 34.

[237] Ebd., S. 205.
[238] Ryback, S. 54.
[239] Schroeder, S. 65.
[240] Speer, Erinnerungen, S. 114.
[241] MK, S. 192.
[242] Fest, Hitler, S. 716.
[243] Speer, Erinnerungen, S. 114.
[244] Ebd., S. 208.
[245] Haffner, S. 28.
[246] Longerich, Joseph Goebbels, Biographie, S.688 f.
[247] Ebd., S. 688.
[248] Hamann, Hitlers Wien, S. 318, 319.
[249] Schroeder, S. 229.
[250] Hanfstaengl, S. 267.
[251] Neumann/ Eberle, S. 271, Fn 651.

XII. Der Hypochonder.

[252] Neumann/Eberle, S. 171.
[253] Bella Fromm, S. 115.
[254] Bullock, S. 613.
[255] Ebd.
[256] Haffner, S. 28, 29.

XIII. Keine Empathie.

[257] Schroeder, S. 83.
[258] Ebd.
[259] Kubizek, S. 40.
[260] Ebd., S. 292.
[261] Hamann, Hitlers Wien, S. 196.
[262] Kubizek, S. 300 f.
[263] Hamann, Hitlers Wien, S. 262.
[264] Kubizek, S. 277.

[265] Ebd., S. 303.
[266] Ebd., S. 292.
[267] Ebd.
[268] Ebd., S. 298 f.
[269] Leidinger in Leidinger/Rapp, S. 161.
[270] Kubizek, S. 291.
[271] Ebd., S. 295 f
[272] Ebd., S. 302.
[273] Schroeder, S. 150.
[274] Franz Halder, Hitler als Feldherr, München 1949, S. 62, zitiert bei Alan Bullock, S. 1143.
[275] Boldt, S. 58,59.
[276] Gun, S. 197.
[277] Fest, Der Untergang, S. 118 f; Ullrich (II), S. 649 f.

XIV. Hitler und die Juden.

[278] Longerich, Der Ungeschriebene Befehl, S. 30.
[279] Reuth, S. 147.
[280] Hammann, Hitlers Wien, S. 498, 499.
[281] Ebd., S. 236 ff.
[282] Kubizek, S. 288.
[283] Ebd., S. 221.
[284] Aly, S. 166; Pyta, S. 133 und S.138.
[285] Klaus Wiegrefe, „Ganz sympathisch" in „Der Spiegel" 15/2017 vom 08.04.2017, S. 47.
[286] Gisevius, S. 33.
[287] Kubizek, S. 289.
[288] MK, S. 59.
[289] Kubizek, S. 289.
[290] MK, S. 54.
[291] Ebd., S. 54, 55.
[292] Kubizek, S. 107.

[293] Ebd., S. 290; s.a. Rapp in Leidinger/Rapp, S. 180.

[294] MK, S. 54.

[295] Kubizek, S. 107.

[296] Hamann, Hitlers Wien, Lehrjahre eines Diktators, S. 496.

[297] Ebd., S. 502.

[298] Ebd., S. 501.

[299] Bullock, S. 202.

[300] § 2

(2) Jüdischer Mischling ist, wer von einem oder zwei der Rasse nach volljüdischen Großelternteilen abstammt, sofern er nicht nach § 5 Abs. 2 als Jude gilt. Als volljüdisch gilt ein Großelternteil ohne weiteres, wenn er der jüdischen Religionsgemeinschaft angehört hat.

§ 5

(1) Jude ist, wer von mindestens drei der Rasse nach volljüdischen Großeltern abstammt. § 2 Abs. 2 Satz 2 findet Anwendung.

(2) Als Jude gilt auch der von zwei volljüdischen Großeltern abstammende staatsangehörige jüdische Mischling,

a) der beim Erlaß des Gesetzes der jüdischen Religionsgemeinschaft angehört hat oder danach in sie aufgenommen wird,

b) der beim Erlaß des Gesetzes mit einem Juden verheiratet war oder sich danach mit einem solchen verheiratet.

[301] Hamann, Winifred Wagner, S. 283. Allerdings soll auch schon Karl Lueger geäußert haben: „Wer a Jud is, bestimm i!", siehe Hamann, Hitlers Wien, S. 417.

[302] Bei den „Protokollen der Weisen von Zion" handelt es sich um die angeblichen Protokolle einer jüdischen Tagung, bei der es um die Errichtung der jüdischen Weltherrschaft gegangen sein soll. Die Urheberschaft und Herkunft der Protokolle ist umstritten und verliert sich im Dunkeln.

[303] MK, S. 751.

[304] Prof. Dr. Anselm Doering-Manteuffel, am 02.12.2009 in der Vorlesung „Diktatur – Krieg – Kriegsverbrechen. Der zeithistorische Kontext der Nürnberger Prozesse 1933-1945/46", Tübingen, WS 2009/10; s.a. Winkler, S. 230.

[305] Wehler, S. 655.

[306] Aly, S. 262.

[307] Wehler, S. 885.

[308] Ullrich (I), S. 102; Pyta, S. 143 f.

[309] Ullrich (I), S. 862, Anm. 56.

[310] MK, S. 772.

[311] Ullrich (I), S. 230.

[312] Hilberg, S. 29.

[313] Longerich, Heinrich Himmler, Biographie, S. 524 f.

[314] Ebd., S. 528; s.a. Herbert, S. 211 f.

[315] Siehe hierzu die „Richtlinien auf Sondergebieten zur Weisung Nr. 21 [Fall Barbarossa]" des Oberkommandos der Wehrmacht (OKW) vom 13. März 1941.

[316] Der Befehl enthielt die Anweisung, Politkommissare der Roten Armee nicht als Kriegsgefangene zu behandeln, sondern sie ohne Verhandlung zu erschießen.

[317] Cüppers, Wegbereiter der Shoah, Die Waffen-SS, der Kommandostab Reichsführer-SS und die Judenvernichtung 1933 – 1945, S. 62.

[318] Ebd., S. 177.

[319] Ebd., S. 178.

[320] Cüppers, Vorreiter der Shoah. Ein Vergleich der Einsätze beider SS-Kavallerieregimenter im August 1941 in: Richter (Hg.), Krieg und Verbrechen: Situationen und Intentionen: Fallbeispiele, S. 96.

[321] Ebd., S.91 f.

[322] Ogorreck, S. 179, 181.

[323] Bullock, S. 989.

[324] Ebd., S. 987.

[325] Longerich, Heinrich Himmler, Biographie, S. 556.

[326] Ullrich (II), S. 313 f.

[327] Mommsen, S. 7 – 9.

[328] Ebd., S. 59, 77, 78.

[329] Ullrich (II), S. 294.

[330] Picker, Hitlers Tischgespräche, dtv, S. 250.

[331] Longerich, Der ungeschriebene Befehl, S. 160.

[332] Ebd., S. 166.

[333] Kershaw, Wendepunkte, S. 548.

[334] Wehler, S. 894.

[335] Ullrich (I), S. 327.

[336] Leni Riefenstahl, Memoiren, S. 197.

[337] Wehler, S. 660.

[338] Schroeder, S. 194 f.

[339] Wehler, S. 890, 891; Kershaw, Hitler 1936 – 1945, S. 188; Bullock, S. 988.

[340] Kershaw, Hitlers Macht, S. 204; Ullrich (II), S. 10.

[341] Bullock, S. 679.

[342] Neumann/Eberle, S. 33.

[343] Ebd.

[344] Longerich, Der Ungeschriebene Befehl, S. 112, 169, 187.

XV. Hitler und das Militär.

[345] Clark, S. 751.

[346] Kubizek, S. 106.

[347] Ebd., S. 284.

[348] Ebd., S. 252.

[349] MK, S. 10.

[350] Maser, Adolf Hitlers Mein Kampf, Geschichte, Auszüge, Kommentare, S.136.

[351] Fritz Wiedemann, Das kann doch nicht unser Hitler sein, in „Der Spiegel" 47/1964 vom 18.11.1964, S.62.

[352] Bullock, S. 34.

[353] MK, S. 179.

[354] Prof. Dr. Anselm Doering-Manteuffel, am 18.11.2009 in der Vorlesung „Diktatur – Krieg – Kriegsverbrechen. Der zeithistorische Kontext der Nürnberger Prozesse 1933 – 1945/46", Tübingen, WS 2009/10.

[355] Rolf-Dieter Müller, S. 25

[356] Ohler, S. 171.

[357] Ryback, S. 253 f; Schmidt, Der Zweite Weltkrieg, die Zerstörung Europas, S. 153.

[358] Neumann/Eberle, S. 256; s.a. Schmidt, a.a.O., S. 171.

XVI. Selbstmitleid.

[359] Kershaw, Hitlers Macht, S. 209.

[360] Kubizek, S. 68.

[361] Speer, Erinnerungen, S. 113.

[362] Bullock, S. 1028.

[363] Klaus Wiegrefe, Treu bis in den Tod, in „Der Spiegel" 6/2010 vom 08.02.2010, S. 43.

[364] Gun, S. 203.

XVII. Bestrafung des deutschen Volkes, weil es die Erwartungen Hitlers nicht erfüllt hat.

[365] Speer, Erinnerungen, S. 446.

[366] Speer, a.a.O., S. 448, 583;
Ullrich (II), S. 617.

[367] Haffner, S. 204.

[368] Jäckel, S. 107.

XVIII. Wenn Hitler den Krieg gewonnen hätte.

[369] Wehler, S. 848.

[370] Fest, Der Untergang, S. 158; Ullrich (II), S. 176.

[371] Siehe hierzu auch Ullrich (II), S. 76

[372] MK, S. 317.

[373] Haffner, S. 142.

[374] Ullrich (II), S. 65, 65.

XIX. War Hitler geisteskrank?

[375] Neumann/Eberle, S. 294.

[376] Ebd., S. 290.

[377] Ohler, S. 246.

[378] Neumann/Eberle, S. 291.

[379] Miller, S. 191.

[380] Ebd., S. 195. Ich für meinen Teil möchte mir zu dieser These kein abschließendes Urteil erlauben.

[381] Helm Stierlin in: Leutheusser (Hg.), Hitler und die Frauen, S. 264, 265.

[382] Hamann, Hitlers Wien, S. 55.

[383] Erich Fromm, S. 424.

[384] Ebd., S. 407, 408.

[385] Kubizek, S. 159.

[386] Erich Fromm, S. 425.

[387] Hamann, Hitlers Wien, S. 84.

XX. Hitler, ein Mensch wie viele andere auch?

[388] Brodbeck, S. 464.

[389] Kubizek, S. 31.

[390] Erich Fromm, S. 486.

[391] Bullock, S. 1048; Neumann/Eberle, S. 257.

[392] Fest, Hitler, S. 722.

[393] Ullrich (I), S. 449 f.

[394] Oswald, S. 89.

[395] Neumann/Eberle, S. 296.

[396] Prof. Dr. Klaus-Michael Mallmann am 27.05.2013 in der Vorlesung „Die Gestapo 1933 – 1945", Stuttgart, Sommersemester 2013.

[397] Neumann/Eberle, S. 291.

[398] Seligmann, S. 173.

[399] Wehler, S. 598.

[400] Thomas Mann, zit. in Tilmann Lahme, Die Manns, S. 301.

XXI. Hitler, der Narzisst.

[401] Ullrich (II), S. 274 ff.

[402] Ebd., S. 259.

[403] Hanfstaengl, S. 63.

[404] Hans Mommsen, Interview in der Stuttgarter Zeitung vom 05.07.2008.

Literaturverzeichnis zum Text

Aly, Götz: Warum die Deutschen? Warum die Juden? Frankfurt 2011

Boldt, Gerhard: Die letzten Tage der Reichskanzlei, Reinbek bei Hamburg 1964

Brodbeck, Rolf: Die verlorenen Freunde, Berlin 2008

Browning, Christopher R.: Ganz normale Männer. Das Reserve-Polizeibataillon 101 und die „Endlösung" in Polen, Hamburg, 4. Auflage 2007.

Broszat, Martin: Der Staat Hitlers, , München , 14. Auflage 1995

Bullock, Alan: Hitler und Stalin, Parallele Leben, Berlin 1991

Clark, Christopher: Preußen, Aufstieg und Niedergang, 1600 – 1947, München, 2. Auflage 2007

Cüppers, Martin: Wegbereiter der Shoah, Die Waffen-SS, der Kommandostab Reichsführer-SS und die Judenvernichtung 1933 – 1945, Darmstadt , 2. Auflage 2011

Fest, Joachim: Der Untergang, Berlin, 2. Auflage 2002

Fest, Joachim: Hitler, Eine Biographie, Frankfurt, Berlin, Wien 1973

Fromm, Bella: Als Hitler mir die Hand küsste, Berlin, 1. Auflage 1993

Fromm, Erich: Anatomie der menschlichen Destruktivität, Hamburg, 19. Auflage 2000

Gisevius, Hans Bernd: Adolf Hitler. Versuch einer Deutung, München 1963

Glotz, Peter: Die Vertreibung. Böhmen als Lehrstück, München, 4. Auflage 2010

Görtemaker, Heike B.: Eva Braun, Leben mit Hitler, München 2010

Gun, Nerin E.: Eva Braun – Hitler, Leben und Schicksal, Velbert und Kettwig 1968

Haffner, Sebastian: Anmerkungen zu Hitler, Lizenzausgabe, München 1973

Hamann, Brigitte: Hitlers Wien, Lehrjahre eines Diktators, München, 3. Auflage 1996

Hamann, Brigitte: Winifred Wagner, München 2002

Hanfstaengl, Ernst: 15 Jahre mit Hitler, Zwischen Weißem und Braunem Haus, München und Zürich, 2. Auflage 1980

Herbert, Ulrich: Wer waren die Nationalsozialisten? München, 3. Auflage 2021

Hilberg, Raul: Täter, Opfer, Zuschauer, Frankfurt 1992

Hitler, Adolf: Mein Kampf, Band 1 und 2, ungekürzte Ausgabe, München, 538. – 542. Auflage 1940 (MK)

Jäckel, Eberhard: Hitlers Weltanschauung, Stuttgart 1969

Karl, Michaela: „Ich blätterte gerade in der Vogue, da sprach mich der Führer an." Unity Mitford, eine Biographie, Hamburg 2016

Kershaw, Ian: Hitler 1889 – 1936, Stuttgart 1999

Kershaw, Ian: Hitler 1936 – 1945, Stuttgart 2000

Kershaw, Ian: Hitlers Macht. Das Profil der NS-Herrschaft, München, 2. Auflage 2000

Kershaw, Ian: Wendepunkte, Schlüsselentscheidungen im Zweiten Weltkrieg 1940/41, München 2008

Klemperer, Victor: Ich will Zeugnis ablegen bis zum letzten, Tagebücher 1933-1941, Berlin 1995

Kubizek, August: Adolf Hitler, mein Jugendfreund, Graz/Stuttgart, 3. Auflage 1966
Lahme, Tilmann: Die Manns, Geschichte einer Familie, Frankfurt 2015

Leidinger, Hannes, und Rapp, Christian: Hitler, Prägende Jahre, Kindheit und Jugend 1889 – 1914, Salzburg – Wien 2020

Leutheusser, Ulrike (Hg.): Hitler und die Frauen, Stuttgart/München 2001

Longerich, Peter: Der Ungeschriebene Befehl, München 2001

Longerich, Peter: Heinrich Himmler, Biographie, München, 2. Auflage 2010

Longerich, Peter: Joseph Goebbels, Biographie, München, 1. Auflage 2010

Machtan, Lothar: Hitlers Geheimnis, das Doppelleben des Diktators, Frankfurt, überarbeitete und ergänzte Auflage 2003

Maser, Werner: Adolf Hitler, Legende – Mythos – Wirklichkeit, Esslingen, München, 4. Aufl. 1972 und 16. Aufl. 1997

Maser, Werner: Adolf Hitlers Mein Kampf, Geschichte, Auszüge, Kommentare, München 1981

Miller, Alice: Am Anfang war Erziehung, Frankfurt 1980

Misch, Rochus: Der letzte Zeuge: Ich war Hitlers Telefonist, Kurier und Leibwächter, München und Zürich, 1. Auflage 2008

Mommsen, Hans: Auschwitz 17. Juli 1942. Der Weg zur europäischen „Endlösung der Judenfrage", München 2002

Müller, Rolf-Dieter: Hitlers Wehrmacht 1935 – 1945, Oldenburg 2012

Neumann, Hans-Joachim, und Eberle, Henrik: War Hitler krank? Bergisch-Gladbach 2009

Ogorreck, Ralf: Die Einsatzgruppen und die „Genesis der Endlösung", Berlin 1996

Ohler, Norman: Der totale Rausch – Drogen im Dritten Reich, Köln 2015

Oswald, Werner: Alle Horch Automobile 1900 – 1945, Geschichte und Typologie einer deutschen Luxusmarke vergangener Jahrzehnte, Stuttgart, 2. Auflage 1982

Picker, Henry: Hitlers Tischgespräche im Führerhauptquartier, Propyläen Verlag, gebundene Ausgabe, München 2003

Picker, Henry: Hitlers Tischgespräche, dtv, herausgegeben von Andreas Hillgruber, München 1968

Pyta, Wolfram: Hitler. Der Künstler als Politiker und Feldherr. Eine Herrschaftsanalyse, München, 1 Auflage 2015

Reuth, Ralf Georg: Hitlers Judenhass, Klischee und Wirklichkeit, München 2009

Richter, Timm C.: Krieg und Verbrechen: Situationen und Intentionen: Fallbeispiele, München 2006

Riefenstahl, Leni: Memoiren, Köln 2000

Ryback, Timcthy W.: Hitlers Bücher: seine Bibliothek – sein Denken, Köln 2010

Schmidt, Rainer F.: Der Zweite Weltkrieg, die Zerstörung Europas, Berlin 2008

Schmidt, Rainer F.: Die Außenpolitik des Dritten Reiches 1933 – 1939, Stuttgart 2002

Schroeder, Christa: Er war mein Chef. Aus dem Nachlaß der Sekretärin von Adolf Hitler, München 1985

Seligmann, Rafael: Hitler, die Deutschen und ihr Führer, München 2004

Speer, Albert: Erinnerungen, Frankfurt/M, Berlin, Wien 1969

Speer, Albert: Spandauer Tagebücher, Frankfurt, Berlin, Wien, 5. Auflage 1976

Toland, John: Adolf Hitler, Stuttgart, München, Hamburg 1977

Ullrich, Volker: Adolf Hitler, Die Jahre des Aufstiegs 1889 – 1939, Frankfurt 2013 (I)

Ullrich, Volker: Adolf Hitler, Die Jahre des Untergangs 1939 – 1945, Frankfurt 2018 (II)

Wehler, Hans-Ulrich: Deutsche Gesellschaftsgeschichte 1914 – 1949, München 2003

Wesel, Uwe: Recht, Unrecht und Gerechtigkeit. Von der Weimarer Republik bis heute, München 2003

Winkler, Heinrich August: Der lange Weg nach Westen, Deutsche Geschichte I. Vom Ende des Alten Reiches bis zum Untergang der Weimarer Republik, München 2000

Winterhoff, Michael: SOS Kinderseele. Was die emotionale und soziale Entwicklung unserer Kinder gefährdet – und was wir dagegen tun können, München 2013

Winterhoff, M chael: Tyrannen müssen nicht sein. Warum Erziehung allein nicht ausreicht – Auswege, Gütersloh 2009

Personenregister